Découvrez l'histoire par les archives de presse

RETRONEWS

Le site de presse de la BnF

www.retronews.fr

REVUE BRITANNIQUE

REVUE INTERNATIONALE

PUBLIÉE SOUS LA DIRECTION DE M. PIERRE-AMÉDÉE PICHOT

TABLE GÉNÉRALE

DES TRAVAUX

DE LA REVUE BRITANNIQUE
DE 1880 A 1901

FAISANT SUITE A LA TABLE PUBLIÉE POUR LA PÉRIODE

DE 1825 A 1880

PAR

M. J. DRAPIER

PARIS

LIBRAIRIE DES PUBLICATIONS OFFICIELLES ET DU BULLETIN DES LOIS

GEORGES ROUSTAN

5, 17, 17bis, QUAI VOLTAIRE

1903

TABLE GÉNÉRALE

DE

LA REVUE BRITANNIQUE

DE 1880 A 1901

PARIS. — TYPOGRAPHIE A. HENNUYER, RUE DARCET, 7.

REVUE BRITANNIQUE

REVUE INTERNATIONALE

PUBLIÉE SOUS LA DIRECTION DE M. PIERRE-AMÉDÉE PICHOT

TABLE GÉNÉRALE

DES TRAVAUX

DE LA REVUE BRITANNIQUE

DE 1880 A 1901

FAISANT SUITE A LA TABLE PUBLIÉE POUR LA PÉRIODE

DE 1825 A 1880

PAR

M. J. DRAPIER

PARIS

LIBRAIRIE DES PUBLICATIONS OFFICIELLES ET DU BULLETIN DES LOIS

GEORGES ROUSTAN

5, 17, 17bis, QUAI VOLTAIRE

1903

DIVISIONS DE LA TABLE

	Pages.
Religion	1
Philosophie morale	2
Philosophie occulte	4
Sciences et arts	5
Littérature	61
Histoire, géographie, voyages	89

TABLE

DES TRAVAUX DE LA REVUE BRITANNIQUE

DE 1880 A 1901

I

RELIGION

Le catholicisme et la race irlandaise aux Etats-Unis, par J.-A. Froude.
— 1880, janvier, 111-36.
Aurons-nous un concordat? Question religieuse en Allemagne. — 1880,
janvier, 199.
La religion sans la foi. — 1880, janvier, 218.
Lettres pastorales des évêques catholiques en Angleterre. — 1880, oc-
tobre, 536.
Revision de la traduction de la Bible. Convocation de Cantorbéry. —
1880, décembre, 547.
L'Eglise hellénique, par la princesse Dora d'Istria. — 1881, novembre,
53-90; 1882, février, 463-92.
Les sectes de l'Eglise russe, par O. S. — 1884, mai, 5-35.
Casteljaloux. Une petite ville du midi aux seizième et dix-septième siè-
cles, par le comte Edouard de Barthélemy.— 1884, décembre, 521-37.
Les interprètes de la Genèse et les interprètes de la nature, par O. S.
— 1886, janvier, 81-98.
La réforme allemande et la révolution française, par le comte J. Bo-
selli. — 1889, octobre, 265-317.
La démocratie catholique en Amérique, par A. de Viguerie. — 1890,
juillet, 71-100.
La religion à Londres. — 1894, juin, 393-426.
Le clergé catholique romain en Autriche-Hongrie, par Raoul Chélard.—
1901, mai, 65-81.

II

PHILOSOPHIE MORALE

Les dieux sur le pavé, par G. d'Orcet. — 1880, janvier, 47-82.

Les précédents de l'annonce matrimoniale en Allemagne. — 1880, janvier, 208.

La religion sans la foi. — 1880, janvier, 218.

Il suicidio (le suicide), par A. L. — 1880, mars, 177.

Favorin, par A. Clapier. — 1880, avril, 337-53.

Les congrégations jugées par Victor Hugo. — 1880, avril, 494.

Le rire sardonique, selon Darwin et Pays. — 1880, octobre, 530.

Les effets de l'ivresse alcoolique chez l'homme et chez le porc. — 1880, novembre, 225.

Excentricités de l'annonce, par E. D. F. — 1880, décembre, 375-95.

Les suicides en Italie. — 1881, juillet, 325.

De la décadence de la femme française, par Hephell. — 1881, octobre, 399-428.

La vie insulaire, par Geo. S. — 1881, novembre, 141-58.

Question de priorité. Une gloire oubliée. — 1882, octobre, 568.

La faculté d'aimer et la loi du bien. — 1882, novembre, 234.

Nouvelle théorie de l'évolution : l'origine végétale des animaux. — 1883, janvier, 194.

L'enchaînement du monde animal dans les temps primaires. — 1883, janvier, 194.

L'homme et ses points de ressemblance avec les animaux inférieurs, par O. S. — 1883, août, 331-61.

La décadence de la politesse française, par A. Rondelet. — 1883, août, 503.

Les Allemands, par le Père Didon, par G. d'Orcet. — 1884, mars, 73-79.

Les funérailles de l'esprit, par le comte d'Osmond. — 1884, avril, 353.

Civilisation et myopie. — 1884, avril, 465.

Le tabac, ses partisans, ses adversaires. — 1884, avril, 478.

Une société de joyeux jurisconsultes. — 1884, juillet, 186.

Humoristes américains. L'été dans mon jardin. — 1884, août, 294-310.

La campagne contre le tabac aux Etats-Unis. — 1884, septembre, 208.

La mauvaise humeur, par A. Rondelet. — 1884, octobre, 513-26.

Les saltimbanques, les fêtes foraines ou patronales, par A. Rondelet. — 1884, juin, 455-73.

Développement de l'intelligence chez les hommes et chez les animaux, par Georges-John Romanès. — 1885, mai, 83-102.

Le manuscrit de grand'mère, par B. d'A. — 1885, août, 253-99.

Mort aux lys! — 1885, août, 300.

La suggestion mentale. — 1885, septembre, 160.

Kaléidoscope. Impressions variées de six voyageurs, par Henry James. — 1885, mai, 103-33.

Superstitions relatives au mariage. — 1886, mars, 215.

La couleur à Venise, par Camille Boïto. — 1886, juillet, 157-74.

L'influence de la respiration sur le chant. — 1886, décembre, 469.

La pitié du serpent. — 1886, avril, 389-93.

De la production et du mécanisme des rêves, par O. S. — 1886, novembre, 119-45.

Le rôle du sage d'après Confucius, par Paul Antonini. — 1887, janvier, 125.

La sélection physiologique. Un épisode de l'histoire de l'évolution, par Alfred-R. Wallace. — 1887, mars, 105-30.

L'alcool et son action sur les nerfs sympathiques, par le docteur A.-T. Schofield. — 1887, août, 381-86.

Légende des arbres et des forêts, par J.-A. Farrer. — 1887, septembre, 47-61.

Le concours de beauté, par Mortimer d'Ocagne. — 1889, juin, 539-66.

L'enregistrement des gestes et du jeu de la physionomie. — 1889, juillet, 148.

La science du repos, par A. L. — 1892, février, 303-28.

Aphorismes économiques, par R. de Najac. — 1892, février, 342.

La religion à Londres. — 1894, juin, 393.

Lettres à un disciple, par G. — 1894, octobre, 225; novembre, 35.

Le socialisme chrétien. — 1894, octobre, 255-302.

Les peuples en voyage, par Aug. Doctrich. — 1898, mars, 101-10.

Prométhée, par Max Bœrbohm. — 1898, avril, 145.

La France d'aujourd'hui, par Bodley. — 1898, octobre, 165.

La civilisation allemande fondée par la France au moyen âge (486-1500), par Raoul Chélard. — 1899, janvier, 83-97.

L'impérialisme romain : la décadence de l'ère nouvelle. — 1899, juillet, 57.

La demoiselle Suzanne, par V.-G. Avsseynko. — 1900, mai, 95-134.

Les animaux dans la mythologie indienne, par J. Teincey. — 1900, juin, 233.

Lettre d'un Chinois, par C. G. — 1901, mai, 5-12.

L'Ariel de J.-B. Rodo, par Pierre Ville. — 1901, mai, 53-64.

PHILOSOPHIE OCCULTE — MYTHES

John Gilpin, héros solaire, par G. d'Orcet. — 1881, avril, 439-85.
Superstitions relatives au mariage. — 1886, mars, 215.
Le serpent de mer, par O. Sachot. — 1886, mai, 5-39.
La légende du premier Inca, par le vicomte de Saint-Genys. — 1886, août, 335-43.
La légende des arbres et des forêts, par J.-A. Farrer.—1887, septembre, 47-61.
Les cabires et la Vénus mutilée, par G. d'Orcet. — 1880, février, 435-78.

IV

SCIENCES ET ARTS

1. Biographie. Études générales. — 2. Enseignement. — 3. Économie politique et sociale. — 4. Économie domestique. Alimentation. — 5. Mathématiques. Physique et Chimie. — 6. Astronomie. — 7. Météorologie. — 8. Arts militaires. — 9. Marine et Navigation. — 10. Travaux publics. — 11. Canaux. — 12. Chemins de fer. — 13. Postes. Télégraphes — 14. Géologie. — 15. Minéralogie. — 16. Métallurgie. — 17. Agriculture. — 18. Botanique. — 19. Zoologie : l'homme, les animaux. — 20. Chasse. — 21. Pêche. — 22. Sport, Jeux. — 23. Médecine et Pharmacie. — 24. Beaux-arts.

1. Biographie. — Études générales.

Dixon et ses travaux. — 1880, janvier, 237.

Raikes, le fondateur des écoles du dimanche. — 1880, février, 530.

L'abbé de Boismont, d'après une correspondance inédite, par Honoré Bonhomme. — 1880, juillet, 35-56.

Tom Taylor, sa mort, ses déceptions. — 1880, août, 561.

Elisabeth (la reine), sa jeunesse. — 1880, novembre, 201-20.

Voyage d'un président de république, par O. S. — 1880, août, 285-332.

Artevelde (Jacques), d'après la chronique flamande. — 1881, février, 421-67.

Linguet, d'après de nouveaux documents, par H. Bonhomme. — 1881, août, 431-59.

Benvenuto Cellini. — 1881, mai, 67-113.

Carlyle (Mᵐᵉ). — 1881, avril, 550.

Panizzi (Antonio). — 1881, juin, 375-83.

George Eliot, par E.-D. Forgues. — 1881, septembre, 109-48.

Mᵐᵉ Geoffrin et sa fille, la reine de l'ordre des Lenturelus, par H. Bonhomme. — 1881, octobre, 457-88.

L'abbé Galiani, par H. Bonhomme. — 1882, janvier, 159-83.

Charles Lyell, par O. S. — 1882, mars, 39-67.

Austen (Jane), femme de lettres. — 1882, avril, 429-36.

Question de priorité, une gloire oubliée. — 1882, octobre, 568.

Simon de Montfort, un des fondateurs de la constitution anglaise, par Hermile Reynold. — 1883, avril, 269-306.

Laplace et ses biographes. — 1883, décembre, 432.

Gottfried Mind, le peintre des chats. — 1884, juin, 427-36.

Reade (Charles), ses souvenirs. — 1884, octobre, 230-318.
Pope et ses œuvres. — 1885, janvier, 65-96.
La marquise de Coigny, par A. V. — 1885, juin, 435-54.
Un disciple. Lettres inédites de l'abbé Gerbet à Lamennais, par Ph. Ger-
     bet. — 1885, juillet, 85-114.
Un maître constructeur au quatorzième siècle, par O. S. — 1885, juillet,
     135-56.
Sophie (l'électrice), ancêtre de la reine Victoria. — 1885, décembre,
     427-48.
Le feld-maréchal lord Strathnairn (sir Hugh Rose), par A. V. — 1886,
     mars, 5-37.
Frédéric II d'Allemagne. — 1886, juin, 435-41.
Nicon Coron, nécrologie, par O. S. — 1886, septembre, 44.
Mallet du Pan. — 1886, octobre, 375-88.
Le maréchal Davoust, par A. V. — 1886, novembre, 95-118.
Les souvenirs d'un diplomate allemand, par A. V. — 1886, décembre,
     447-76.
Le comte de Falloux. — 1887, janvier, 208.
Amédée Pichot, fondateur de la Revue Britannique. — 1887, mai, 5-19.
Un divorce royal espagnol et anglais, par Yetta Blaze de Bury. — 1889,
     septembre, 25-84.
Velasquez, par A. de Viguerie. — 1890, novembre, 5-24.
Un éditeur de revues : John Murray, par A. V. — 1891, septembre,
     151-66.
Mary Godwin Shelley, par A. V. — 1892, octobre, 325-39.
Un caricaturiste anglais, par A. V. — 1892, novembre, 122-36.
L'amiral d'Entrecasteaux, par Emile Eude. — 1894, février, 413-34.
Le commerce des livres en France en 1892. — 1894, février, 435.
Sir Edward Burn Jones, par Yetta Blaze de Bury. — 1895, février, 315-32.
Thomas-Henry Huxley. — 1895, juillet, 161.
Mort de Pasteur. — 1895, octobre, 367.
Sébastien Kneipp, par Anthropos. — 1896, août, 333-45.
Un Français en Egypte : François Jomard, par J. Boselli. — 1898, jan-
     vier, 117.
Une fille de Jean-Jacques Rousseau, par Hippolyte Buffenoir. — 1898,
     février, 171.
Un bandit sarde au dix-neuvième siècle : Giovanni Tolu, par A. Savine.
     — 1899, mars, 65.
La littérature canadienne, par Eugène Guénin. — 1901, janvier, 57-102.

2. Enseignement.

De l'enseignement et de l'histoire de la médecine dans les universités
     allemandes. — 1880, janvier, 180.
De l'origine du langage, par Noiré. — 1880, janvier, 200.
Les gymnases et leurs méthodes d'enseignement. — 1880, février, 498.

L'éducation catholique en Angleterre, par Laing Mason. — 1880, avril,
    263-87.
L'instruction en France avant et sous Charlemagne, par A. V. — 1880,
    août, 333-61.
Physiologie et instruction du sourd-muet. — 1880, octobre, 467-86.
Le jeune Oxford, par un professeur d'Oxford, par A. V. — 1881, octo-
    bre, 341-65.
Exposition de projets d'édifices scolaires. — 1882, janvier, 217.
Prix académique. — 1883, mai, 205.
L'enfance, sujet de concours. — 1883, mai, 206.
L'étude de la langue arabe en Turquie. — 1883, avril, 168.
Les écoles primaires en France et en Angleterre, par A. V. — 1886, juin,
    249-79.
·Heidelberg, par G. D. — 1886, septembre, 15-62.
Nos bibliothèques scolaires. — 1886, septembre, 187.
L'enseignement agricole. — 1887, juin, 512.
L'éducation des aveugles en Angleterre, par O. S. — 1891, juillet, 5-29.
Le langage sifflé. — 1892, février, 399.
Un collège de jésuites aux dix-septième et dix-huitième siècles, par
    Lorédan Larchey. — 1894, septembre, 5-33.
Le coût de l'enseignement primaire. — 1895, octobre, 361.
Anciennes et nouvelles universités, par Y... — 1896, février, 349-58.
L'enseignement commercial en France et en Angleterre, par O. S. —
    1898, juin, 257-70.
Les enseignements de l'histoire : la chute de l'empire romain, par
    Seeley. — 1899, avril, 161-79.

3. Économie politique et sociale.

a. Études générales. — Gouvernement. — Administration. — b. [...], Sociétés. — Enfants. — c. Ouvriers. — Grèves. — Salariat et [...] — Sociétés [...]. — d. Esclavage. — Servage. — e. Coopération. — Bienfaisance publique. — f. Législation. — Systèmes
pénitentiaires. — Jurisprudence. — g. Commerce. — Industrie. — h. Finances. — Impôts. —
i. Monnaie. — Banques. — Caisses d'épargne. — Assurances.

a. *Études générales.* — *Gouvernement.* — *Administration.*

L'assistance publique chez les anciens et les fondations charitables en
    Angleterre. — 1880, janvier, 5-46.
Le divorce, par A. Clapier, ancien député. — 1880, janvier, 83-111.
Agence matrimoniale en Allemagne, 1880, janvier, 209.
Pologne politique. — 1880, janvier, 211.
L'Italie et le cabinet Waddington. — 1880, janvier, 222.
Le régime de l'isolement. A propos de la France et du Mexique. — 1880,
    janvier, 223.
L'action révolutionnaire en Russie, par Hephell. — 1880, février, 395-419.
Une conférence de Vambery. — 1880, février, 509.

Les réformes du général Farre. Doctrines des congrès ouvriers. — 1880, avril, 195.

La noblesse française, par le comte E. de Barthélemy. — 1880, juin, 429-42.

Un nouveau mode de crémation en Allemagne. — 1880, juillet, 532.

L'Angleterre et le Canada, par G. D. — 1880, août, 363-94.

La position stratégique de l'océan Pacifique, par X. R. — 1880, septembre, 5-40.

La question indienne aux Etats-Unis, par E.-D. F. — 1880, septembre, 87-106.

L'élection présidentielle aux Etats-Unis, par Félix Limet. — 1880, octobre, 123-65.

Le sous-sol parisien. L'hygiène de Paris. — 1880, octobre, 491.

Les mariages de Gretna-Green et Héligoland. — 1880, octobre, 541.

Les piliers de l'Etat, par A. V. — 1880, novembre, 5-31.

La liberté de la presse en Amérique et la loi américaine sur la diffamation par les journaux, par O. S. — 1880, novembre, 63-87.

Les grands vieillards, par J. L. — 1880, novembre, 89-124.

La crémation en Italie. — 1880, novembre, 229.

Les mots à perspectives. — 1880, novembre, 234.

L'aristocratie nobiliaire en France, par A. V. — 1880, décembre, 481-88.

Le congrès de l'Association française pour l'avancement des sciences à Alger. — 1880, décembre, 492.

La police américaine. — 1880, décembre, 501.

Le mouvement antisémitique. — 1880, décembre, 505.

La réforme du service civil aux Etats-Unis, par Félix Limet. — 1881, janvier, 5-28.

Les propriétaires, les tenanciers et les journaliers en Angleterre, par Hephell. — 1881, janvier, 73-100.

L'Annam, par L. B. — 1881, février, 469-510.

La question agraire en Irlande, par G. d'Orcet. — 1881, mars, 39-84.

Les Boers et le Transvaal, par A. V. — 1881, avril, 293-318, 405-28.

Statistiques. — 1881, avril, 500.

Le protectorat de la France en Tunisie, par A. Clapier. — 1881, juin, 405.

Le congrès d'Alger, l'Algérie et ses progrès. — 1881, juin, 539.

Les incendies augmentent-ils ? par A. L. — 1881, juin, 429-49.

Le laboratoire municipal d'expertises de Paris. — 1881, juillet, 226, septembre, 233.

Nos étalons métriques. — 1881, juillet, 230.

L'air des salles d'épuration des usines à gaz. — 1881, août, 498.

La Chine pendant le conflit russo-chinois. — 1881, septembre, 5-64.

Création d'une station physiologique au bois de Boulogne. — 1881, septembre, 232.

De la décadence de la femme française, par Hephell. — 1881, octobre, 399-428.

Les dangers courus par le président Jackson, par Félix Limet. — 1881, novembre, 5-30.

La police en Angleterre et en France, par T. M. — 1881, novembre, 31-53.

L'Autriche et la Russie en Orient. — 1881, décembre, 395-414.

Sénat et bulletin de liste, par G. D. — 1882, février, 297-333.

Le koumiss et les jumenteries kirghises, par Octave Sachot. — 1882, février, 413-44.

Congrès à Séville et à Genève. — 1882, mars, 207.

La diplomatie française en Syrie, par E. F. — 1882, juin, 509-22.

Les ressources alimentaires de la Grande-Bretagne en temps de guerre, par O. S. — 1882, août, 389-415.

Les quatre ministères de M. Drouin de L'Huys, par G. d'Orcet. — 1882, août, 453-84.

Comment l'ouvrier se nourrit à Paris, par Antonin Rondelet. — 1882, septembre, 161-185.

Boissier et l'acclimatation. — 1882, octobre, 570.

Les étalons du pied de roi et de l'aune de Paris. — 1882, novembre, 243.

L'Angleterre en 1881, par A. L. — 1882, novembre, 5-21.

La voirie des vidanges. — 1882, décembre, 182.

Le gouvernement représentatif et le gouvernement parlementaire, par Amédée-Edmond Blanc. — 1883, janvier, 119-34.

De la revision de la Constitution, par A. C. — 1883, mars, 131-54.

Les quartiers dangereux de Londres et leurs habitants, par Geo. S. 1883, juin, 351-73.

La Norvège deviendra-t-elle une république? par A. V. — 1884, janvier, 45-60.

Le problème de la revision, par Amédée-Edmond Blanc. — 1884, janvier, 117-34.

Le Mahdi, l'Egypte et l'Abyssinie, par X. Effendi. — 1884, février, 281-313.

Conditions d'une Constitution démocratique, par Charles Beauquier. — 1884, juin, 137-58.

Politique étrangère de l'Angleterre, par G. — 1884, juin, 159-69.

L'Italie en 1882, par A. L. — 1884, juillet, 139-58.

L'association britannique au Canada. — 1884, septembre, 201.

L'Association française pour l'avancement des sciences. — 1884, septembre, 203; novembre, 201.

Etendue et ressources de l'empire britannique. — 1884, novembre, 211.

De la nature de la démocratie, par G. d'Orcet. — 1885, janvier, 97-127.

Situation économique de l'Uruguay. — 1885, février, 199.

La Chine contemporaine, par G. d'Orcet. — 1885, avril, 381-405.

La question sociale, par A. C. — 1885, avril, 407-26.

La France et la presse au dix-huitième siècle, par Napoléon Ney. — 1885, avril, 427-55.

Les moyens de combattre les incendies. — 1885, juin, 479.

L'âge du progrès, par R. de Kérallain. — 1885, août, 333-78.

Le droit annamite et le Code civil français, par Ed. Bonnal. — 1885, octobre, 403-21.

La Bulgarie, par G. d'Orcet. — 1885, novembre, 5-39.

La France dans la mer Rouge, par Denis de Rivoyre. — 1885, novembre, 168-76.

Une élection à Westminster, il y a cent ans, par A. V. — 1885, décembre, 281-302.

La petite culture et le morcellement des terres, par O. S. — 1885, décembre, 399-413.

Le budget de Cuba et le traité de commerce avec les Etats-Unis. — 1886, janvier, 121-46.

Pétrification des cadavres. — 1886, janvier, 154.

Les caractères de la nationalité française et leurs évolutions, par le comte J. Boselli. — 1886, février, 405-23.

La fédération impériale britannique, par G. d'Orcet. — 1886, mars, 143-70.

La petite culture en Italie et le morcellement de la propriété, par lady Verney. — 1886, avril, 399-418.

Harrar et Obock, par Denis de Rivoyre. — 1886, mai, 155-65.

Le parlementarisme militaire en Italie, par Milès. — 1886, mai, 167-73.

La Tunisie et ses récents progrès, par G. d'Orcet. — 1886, juillet, 125-86.

Une nouvelle division de la France au point de vue des aptitudes de la population. — 1886, septembre, 188.

Concours de 1889, en Belgique, pour le prix du roi. — 1886, septembre, 195.

Solutions politiques et sociales, par Stradella. — 1887, février, 293-328.

Dans la mer Rouge, par Denis de Rivoyre. — 1887, février, 467-73.

Les élections et le régime parlementaire. Souvenirs du congrès électoral d'Anvers, par G. de F. — 1887, avril, 435-464.

La crémation en Siam. — 1887, juin, 526.

Les méthodes de colonisation de la France et de l'Angleterre. — 1887, juillet, 200.

Les principes constitutionnels de l'Angleterre, par Stradella. — 1888, janvier, 49-72.

Les plébiscitaires, par A. Q. — 1880, avril, 401-21.

Du gouvernement indirect, par A. Q. — 1888, mai, 167-88.

Rome ancienne et le régime parlementaire, par A. Q. — 1888, juin, 339-62.

Une rectification : les Italiens à Massaouah, par M. Flourens, ancien ministre des affaires étrangères. — 1888, août, 173-94.

La Prusse et la France en 1859, par Ed. de Bonnal. — 1888, août, 195-250.

Sommes-nous en monarchie ? par A. Q. — 1888, août, 303-20.

Réformateurs et revisionnistes, par Stuart Blaze de Bury. — 1888, octobre, 357-72.

La crise agraire en Italie, par G. d'Orcet. — 1889, avril, 355-76.

Le centenaire de 1789, par A. de Viguerie. — 1889, mai, 5-24.

La diplomatie française en 1889, par B. — 1889, mai, 25-31.

Le gouvernement boulangiste, par Stradella. — 1889, octobre, 349-58.

Une rectification, par G. D. — 1889, novembre, 5-8.

Dupont White. Un penseur contemporain, par Gaston Bonnefont. — 1889, novembre, 61-70.

Les corporations françaises au moment de leur suppression, par G. d'Orcet. — 1890, janvier, 5-34.

La police de la cité de Londres, par O. S. — 1890, février, 341-60.

Les Portugais en Afrique, par G. d'Orcet. — 1890, mars, 5-14.

Réformes administratives, par Charles Beauquier. — 1890, mai, 129-42.

La question sociale, par Alexandre Clapier. — 1890, juillet, 61-69.

La réforme foncière en Amérique, par Thomas S. Preston. — 1890, septembre, 145-56.

Le salaire des classes laborieuses en Angleterre, par A. L. — 1890, octobre, 233-70.

L'assimilation des musulmans, par G. D. — 1891, mars, 5-28.

Napoléon diplomate, par G. d'Orcet. — 1891, mai, 61-85.

La question juive en Russie, par C. Courrière. — 1891, juillet, 139-44.

Un duel économique. Blaine contre Gladstone, par René Lavollée. — 1891, septembre, 99-136.

La satire sociale en Russie. Stchédrine, par C. Courrière. — 1891, novembre, 141-52.

Aphorismes économiques, par R. de Najac. — 1892, février, 342.

La science du repos, par A. L. — 1892, février, 303-28.

Le socialisme allemand et le nihilisme russe, par N. — 1892, février, 385.

La civilisation, l'ordre social et la moralité aux Etats-Unis, par O. S. — 1892, mai, 107-35.

Une visite au comte Tolstoï, par A. V. — 1892, août, 225-39.

L'Italie et la colonie Erythrée, par G. d'Orcet. — 1892, septembre, 131-61.

Mon village, par Noll. — 1893, janvier, 77-100.

La mode à travers les âges, par A. V. — 1893, janvier, 107-28.

Les fêtes publiques en province sous l'ancien régime, par H. Faure. — 1893, mai, 113-42 ; octobre, 265-339.

L'abandon de Gibraltar et la route des Indes, par J.-W. Gambier. — 1893, juin, 201-18.

L'esthétique du roman et la critique littéraire, par Max Deleyne. — 1893, novembre, 87-117.

Un prix de 50 000 francs de l'Institut Smithsonien. — 1893, août, 130.

Le rôle de la Russie dans la Mandchourie, par Hephell. — 1893, septembre, 5-28.

Les élections et le suffrage universel. — 1893, septembre, 195.

Israël, son rôle politique dans le passé, son rôle dans l'avenir, par Grolat. — 1893, octobre, 255-64.

La monnaie de nickel, par Mortimer d'Ocagne. — 1893, novembre, 81-85.

L'équilibre du pouvoir en Asie, par Hephell. — 1893, novembre, 5-30.

Les forces productrices de la Russie, par C. Courrière. — 1894, mars, 41-68.

Congrès et sociétés savantes. — 1894, août, 325.

La république de Babin. — 1895, juillet, 165.

Les assurances obligatoires contre les accidents du travail en Norvège. — 1895, juillet, 161.

Le congrès de Carthage. — 1896, février, 399.

Histoire d'un idéal, par Joseph Reinach. — 1896, mars, 5-36.

Pourquoi l'Angleterre n'entre pas dans la triple alliance. — 1896, avril, 399.

La vie hors de France, par Cassabois. — 1896, mai, 143-205.

La Chambre à supprimer, par A. Ω. — 1896, juin, 233-58.

La déclaration de fortune, par Ch. Beauquier. — 1896, août, 217-44.

Les débuts d'une colonie, par O. N. J. — 1896, octobre, 233-60.

Les conventions de Prétoria et de Londres, par le docteur Rouire. — 1896, octobre, 355-74.

La réaction catholique en Europe, par R. de Kérallain. — 1896, novembre, 5-33.

Caractère physique de la population polonaise. — 1897, juin, 279.

Donation Wilde. — 1897, juin, 275.

Le progrès économique en Hongrie. — 1897, mars, 27-44.

Accroissement de la population des villes à l'étranger. — 1897, novembre, 114.

Statistique des recensements de l'Allemagne et de la Russie. — 1897, novembre, 114.

Les alliances naturelles, par Paul Bonnaud. — 1898, mars, 95-100.

La guerre possible. — 1898, avril, 243-54.

L'empire des mers. La guerre entre l'Angleterre et la France, par Spencer Wilkinson. — 1898, mai, 45-84.

La supériorité des Anglo-Saxons. — 1898, mai, 5-44.

Une enquête maritime sous la Révolution, par E. Rodocanachi. — 1898, juin, 271-84.

Les courses de taureaux et la Société protectrice des animaux. — 1898, juin, 317.

Les proscriptions de races et leurs conséquences politico-économiques. — 1898, juillet, 5-24.

Anglais et Américains, par G. d'Orcet. — 1898, août, 259-78.

Le travail à la ville et aux champs en Angleterre. — 1899, novembre, 57-82.

La décadence des anciennes classes dirigeantes et le suffrage universel, par G. d'Orcet. — 1899, mars, 39-64.

Le désarmement et l'arbitrage : la conférence de la Haye, par G. O. — 1899, août, 221-44.

La domination européenne et ses chances d'avenir en Extrême-Orient, par ***. — 1900, novembre, 31-68.

Des professions féminines, par Jean Teincey. — 1900, août, 259-76.

La protection du pittoresque dans la nature, par Léon de Bruyn. — 1901, juin, 269.

Le régionalisme en France, par Ch. Beauquier. — 1901, octobre, 283-88.

Le loup et l'agneau en Chine, par J.-E. Dillon. — 1901, janvier, 103-12.

La science et les institutions politiques à la fin du dix-neuvième siècle. — 1901, janvier, 5-36.

Le livre du Père Du Lac, par Stradella. — 1901, février, 169-85.

Une commune d'étudiants, par B. — 1901, février, 269-305.

b. *Familles. - Femmes — Enfants.*

Emigration allemande. — 1880, mai, 225.
La multiplication dans les alliances consanguines. — 1880, juin, 113.
L'asphyxie des nouveau-nés. — 1881, fevrier, 536.
L'émigration européenne aux Etats-Unis. — 1881, novembre, 204.
Le mariage chez les indigènes de l'Australie. — 1885, février, 505.
Couveuse et gaveuse pour les nouveau-nés. — 1885, septembre, 169.
Les pygmées : négrilles et négritos. 1887, août, 133.
Les enfants indigents des écoles primaires de Vienne.—1888, février, 443.
Le dépeuplement de l'Islande. — 1888, mars, 185.
L'hygiène et la protection de l'enfance. Les crèches. — 1893, avril, 376.

c. *Ouvriers, grèves, socialisme et communisme. — Sociétés secrètes.*

La fièvre de l'agro-romano. — 1880, janvier, 229.
Une manifestation française à Chypre. Au Tonkin. — 1880, février, 516.
L'association internationale de brigandage des aubergistes. — 1880, février, 521.
Les Gouliards et les Sigisbés en Italie. — 1880, avril, 477.
Les troubles en Irlande : orangemen et cocardes vertes.— 1880, novembre, 275.
Les Gouliards, par G. d'Orcet. — 1880, décembre, 449-65.
La société des végétariens. — 1881, février, 542.
Le songe de Poliphile, traduction de M. Claudius Popelin, par G. d'Orcet. — 1881, juin, 493-537.
La dentelle de Nottingham, par O. S. — 1882, novembre, 5-24.
La préface de Poliphile, par Claudius Popelin, par G. d'Orcet. 1884, février, 379-421.
Les Fuégiens. — 1884, février, 105.
Les ménestrels de Morvan et de Murcie. Les origines de la franc-maçonnerie, par G. d'Orcet. — 1884, avril, 291-324.
Statistique maçonnique, par G. d'Orcet.— 1884, mai, 129-140.
Le Ku-Klux-Klan, par G. d'Orcet. 1884, novembre, 111-16.
Histoire générale des grèves, par G. d'Orcet. — 1884, août, 365-92.
La danse macabre, par G. d'Orcet. — 1886, mai, 41-66.
Les ouvriers des deux mondes, par Max Deleyne.— 1888, mai, 159-66.
Le pacte de famine, par G. d'Orcet. — 1890, novembre, 137-68.
Le socialisme allemand et le nihilisme russe, par X. — 1892, février, 383.
Les manifestations populaires et les émeutes, par O. S.—1894, août, 225-52.
Une grève en Chine. — 1895, octobre, 363.
Les logements ouvriers en Prusse. — 1897, juin, 278.

d. *Esclavage, servage.*

Les Turcomans. L'abolition de l'esclavage dans la Turquie. — 1880, février, 510.

Les têtes coupées dans l'Afghanistan. — 1880. février, 511.
Un cas d'empalement. — 1882, novembre. 247.
L'abolition de l'esclavage au Brésil, par Oty. — 1889, juin, 317-59.

e. *Paupérisme, bienfaisance publique.*

Le legs d'une cave à un apôtre de l'abstinence. — 1880, janvier, 237.
Constantinople. Misère et puérilité. — 1880, février, 312.
Expansion de l'élément latin par la misère. — 1880, février, 524.
La misère en Irlande. Rivalités de souscriptions. — 1880, février, 528.
Misère et famine à Constantinople et en Asie Mineure. — 1880, mars,
    218.
Misère en Asie Mineure. Charité musulmane. Brigandage en Macédoine.
    Fraternité orthodoxe. — 1880, avril, 462.
Un asile d'idiots. — 1880, décembre, 467-80.
Les secours aux blessés en Amérique. — 1880, décembre, 499.
Progrès et misère, par O. S. — 1883, avril, 309-37.
Les pompiers de Londres, par O. S. — 1885, mai, 195-221.
Les femmes médecins, par A. V. — 1886, avril, 419-39.
L'Œuvre des enfants tuberculeux. — 1899, mai, 104.

f. *Législation. — Systèmes pénitentiaires. — Jurisprudence.*

Le divorce, par A. Clapier, ancien député. — 1880, janvier, 83-111.
La loi contre l'ivrognerie en Angleterre. — 1880, janvier, 236.
Si vis pacem, para bellum. Projet de loi de M. de Bismark. — 1880, fé-
    vrier, 495.
La loi de Lynch en mer. — 1880, février, 527.
Les lois existantes et les congrégations religieuses, par A. Clapier. —
    1880, juin, 409-28.
La Sibérie et ses pénitenciers, par G. D. — 1880, novembre, 117-180.
La codification de nos lois. — 1882, janvier, 216.
Les lois concernant le mariage dans le Royaume-Uni. — 1882, juillet,
    147-68.
La justice criminelle en France. — 1882, novembre, 99-114.
La statistique judiciaire et les récidivistes. — 1882, décembre, 488.
Les prisons russes, par le prince Krapotkine. — 1883, février, 355-81.
Procès d'Etat, par A. V. — 1883, février, 417-36.
De la revision de la Constitution, par A. C. — 1883, mars, 431-54.
Le droit anglais. — 1883, décembre, 237-78.
Une leçon de justice en Angleterre. — 1885, janvier, 233-36.
Le droit annamite et le Code français, par Ed. Bonnal. — 1885, octobre,
    403-21.
Les colonies pénales françaises, par O. S. — 1887, octobre, 405-32.
Les brigands de Sibérie, par Dionis Gregorio. — 1887, décembre,
    341-87.
Mirabeau criminaliste, par A. Rivière. — 1889, septembre, 5-24.

Cours martiales et conseils de guerre. — 1898, janvier, 123-30.
Les prisons en Angleterre et en Allemagne. — 1898, mars, 22.
L'affaire Dreyfus et la presse anglaise. — 1898, juin, 269.
Les cours martiales en Angleterre. — 1899, novembre, 113-16.
Les erreurs de la police et de la justice en Angleterre, par E. Rodoca-
    nachi. — 1900, janvier, 55-63.
La procédure criminelle en France et en Angleterre, par O. S. — 1900,
    avril, 153-80.
La juridiction française aux colonies, par ***. — 1900, novembre, 5-30.
Le mariage morganatique de l'héritier des Habsbourg.—1900, novembre,
    103-19.

g. Commerce. — Industrie.

Fabrication du diamant, par Mac Tear. — 1880, janvier, 239.
Statistique du commerce extérieur anglais. — 1880, février, 187.
Les inventeurs de perfectionnements. — 1880, février, 533.
Libre échange et protection. — 1880, février, 536.
La dynastie des Salt et la découverte de l'alpaga, par E.-D. F. — 1880,
    mars, 135-54.
Vente Demidoff. — 1880, avril, 275.
L'industrie du lin en Angleterre. — 1880, juin, 155.
Sophistications allemandes. — 1880, juin, 155.
L'horlogerie aux États-Unis. — 1880, septembre, 118.
Histoire anecdotique du piano, par Spire Blondel. — 1880, octobre,
    353-98.
L'exposition rétrospective au palais de l'Industrie, par Mortimer d'Oca-
    gne. — 1880, octobre, 486-90.
L'utilisation des rognures de fer-blanc. — 1880, octobre, 496.
De la production de la gomme laque aux États-Unis. — 1880, novem-
    bre, 231.
Les taches des murailles. — 1880, novembre, 233.
Une substance à clichés. — 1880, novembre, 233.
Production et commerce des vins français en 1879. — 1880, novem-
    bre, 235.
La consommation croissante des alcools. — 1880, novembre, 236.
Découverte de pétrole en Lombardie. — 1880, novembre, 253.
Le commerce de l'Egypte. — 1880, décembre, 495.
Excentricités de l'annonce, par E.-D. F. — 1880, décembre, 375-95.
L'audiomètre. — 1881, janvier, 229.
Chauffage au pétrole des machines à vapeur. — 1881, janvier, 224.
Commerce de l'Inde anglaise avec l'étranger. — 1881, janvier, 225.
Action des acides végétaux sur le fer-blanc. — 1881, janvier, 227.
Elevage des bestiaux du Far-West américain, par W. Baillie Grohman.
    — 1881, février, 311-42.
Coloration des fleurs. — 1881, février, 539.
Un extincteur du feu. — 1881, février, 540.

Le soufre à Paris. — 1881, février, 541.
La dynastie des Bàss et les brasseries de Burton, par E.-D. F. — 1881,
    avril, 253-75.
Distillation et rectification de l'alcool par le froid. — 1881, avril, 491.
La sépia. — 1881, avril 493.
La coloration des fromages de Hollande. — 1881, avril, 504.
La presse anglaise, par Hephell. — 1881, mai, 43-68.
Le commerce extérieur des Etats-Unis. — 1881, juillet, 233.
Le thermographe Marey. — 1881, juillet, 235.
L'insuccès de la protection aux Etats-Unis, par F.-L.—1881, août, 313-34.
Le musc. — 1881, août, 499.
Le commerce de l'opium. — 1881, août, 503.
Le commerce du Mexique. Statistiques. — 1881, août, 506.
L'inventeur du premier pyroscaphe. — 1881, septembre, 229.
Thimonier, inventeur de la machine à coudre. — 1881, septembre, 232.
Un appareil électrique à voter. — 1881, septembre, 236.
Le commerce du lait à Saint-Pétersbourg. — 1881, novembre, 195.
L'industrie métallurgique en Russie. — 1881, novembre, 198.
Le tunnel de la Manche au point de vue militaire, par G. d'Orcet. —
    1882, mars, 5-38.
Le papier de nos livres. — 1882, mars, 200.
La trempe par compression. — 1882, mai, 246.
La téléphonie en Europe. — 1882, octobre, 564.
La dentelle de Nottingham, par O. S. — 1882, novembre, 15-24.
Transmission de la force motrice à de grandes distances. — 1882, no-
    vembre, 238.
La farine de lin déshuilée. — 1883, janvier, 205.
La voiture-bateau. — 1883, mars, 192.
Une nouvelle matière explosible. — 1883, mars, 194.
La liquéfaction du gaz. — 1883, mai, 212.
Crémation et pétrification. — 1883, mai, 214.
Fabrication du verre, soufflage mécanique. - 1883, août, 533.
Le pétrole en Roumanie. — 1883, août, 538.
Les puits de feu de la Chine. — 1883, août, 538.
Le marteau à vapeur et son histoire. — 1883, décembre, 331-52.
Le lavage et la désinfection des vieilles futailles.—1883, décembre, 423.
Le téléphone en Belgique. — 1883, décembre, 431.
La pourpre des anciens. — 1883, décembre, 432.
Les colonies françaises, leur commerce, leur situation économique, leur
    utilité pour la métropole, par Louis Vignon. — 1884, janvier, 153-92.
L'heure universelle et le méridien initial unique.— 1884, février, 455.
Étude sur les causes de la crise commerciale en France, par Gustave
    Lombard. — 1884, mars, 33-68.
L'aéroplane. — 1884, avril, 467.
La laine liquide. — 1884, avril, 471.
La soudure magique. — 1884, avril, 478.
Le traité anglo-portugais du Congo, par O. S. —1884, juillet, 159-79.

La coutellerie et les couteliers de Sheffield, par O. S. — 1884, septembre, 183-200.
La machine analytique de Babbage et la fille de lord Byron. — 1884, septembre, 213.
La direction des ballons. — 1884, septembre, 214.
Le service de l'air froid à New-York. — 1884, septembre, 218.
Un appareil à filtrer l'eau. — 1884, septembre, 219.
Le chauffage à la paille. 1884, novembre, 207.
Le commerce de la Chine avec le Royaume-Uni.— 1884, novembre, 209.
La crise industrielle, commerciale et agricole. Libre échange et protection. — 1885, février, 189.
Gutta-percha factice. — 1885, février, 509.
Ivoire artificiel. — 1885, février, 509.
Procédé pour durcir le plâtre. — 1885, avril, 468.
Culture et commerce de l'opium en Australie. — 1885, avril, 469.
Secours contre l'incendie. Les pompiers de Londres, par O. S. — 1885, mai, 195-221.
La gutta-percha. — 1885, juin, 482.
Le caoutchouc. — 1885, juin, 483.
La couleur à Venise, par E. de V. — 1885, juillet, 157-173.
Les fraudes du commerce : les fournisseurs de l'armée britannique ; le lait falsifié. — 1885, juillet, 185.
Les bois émaillés. — 1885, juillet, 192.
L'imprimerie nationale, par Arthur Legrand. 1885, août, 125-142.
Un extincteur d'incendie. — 1885, septembre, 167.
Cuir végétal. — 1885, septembre, 168.
Blanchiment de l'ivoire. — 1885, septembre, 174.
Le travail mécanique en Amérique. 1885, novembre, 184.
La récolte du varech à Guernesey. — 1885, novembre, 185.
Le pétrole chez les anciens Éthiopiens. 1885, novembre, 188.
Le mégaloscope. — 1885, novembre, 189.
La petite culture et le morcellement des terres, par O. S. — 1885, décembre, 399-413.
La presse américaine, par un journaliste anglais, par A. V.— 1886, janvier, 5-24.
Le chauffage au pétrole de l'industrie. 1886, janvier, 162.
Emploi industriel des déchets. — 1886, janvier, 164.
Le charbon chandelle. — 1886, mars, 208.
La petite culture en Italie et le morcellement de la propriété, par O. S. — 1886, avril, 399-418.
La découverte de la dextrine. — 1886, juin, 159.
Lavoisier et la commission des poids et mesures.—1886, septembre, 193.
Le travail à l'aiguille, par A. V. — 1886, octobre, 289-316.
L'ensilage à l'air libre. — 1886, octobre, 431.
Les eaux-de-vie de marc. — 1886, novembre, 180.
Le lait des pigeons. — 1886, novembre, 181.
Le commerce de l'île de Terre-Neuve. — 1886, novembre, 184.

De l'emploi de l'huile pour calmer la mer. — 1886, novembre, 185.

Le dessèchement des grands lacs de l'Asie centrale. — 1886, décembre, 462.

L'enfoncement des pieux à la dynamite. — 1886, décembre, 465.

Les filtres par ascension. — 1886, décembre, 465.

Filtration des précipités très ténus. — 1886, décembre, 467.

La crise commerciale et industrielle. — 1886, décembre, 467.

L'industrie du papier et de la typographie. — 1886, décembre, 467.

Statistique officielle du commerce aux Etats-Unis. — 1887, mars, 186.

L'industrie lyonnaise des soies. — 1887, mars, 186.

Le commerce du papier en Serbie. — 1887, mars, 186.

Statistique du commerce général de l'île de la Réunion. — 1887, mars, 189.

Le comité consultatif du commerce français à Shang-Haï. — 1887, mars, 191.

La création de comptoirs nouveaux en Chine. — 1887, mars, 191.

Le musée commercial de Saïgon et les agences coloniales en Europe.— 1887, mars, 192.

L'expansion commerciale de la Belgique. — 1887, mars, 193.

Le mouvement commercial à Trieste et la concurrence austro-allemande sur les marchés étrangers. — 1887, mars, 194.

Utilisation industrielle des grandes chutes d'eau au Canada. — 1887, avril, 476.

Le flottage en Norvège. — 1887, avril, 467.

Le mouvement commercial du royaume de Siam. Le Tonkin et ses ressources naturelles. Les efforts de la Suède pour son commerce extérieur. — 1887, mai, 137.

Le mélographe Carpentier. — 1887, juin, 521.

Nouvelle matière explosible. — 1887, juin, 523.

Le commerce de Chicago en 1886. — 1887, juillet, 193 ; septembre, 168.

La chambre de commerce de Tokio et les réformes économiques du Japon. — 1887, juillet, 197.

Le commerce allemand au Japon. — 1887, juillet, 199.

Statistique de notre commerce colonial. — 1887, juillet, 205.

La viticulture et le commerce de vin en Algérie.— 1887, septembre, 161.

La flotte commerciale allemande. — 1887, juillet, 170.

Le commerce de Chicago en 1886. — 1887, septembre, 168.

La caravane annuelle de Tombouctou. — 1887, septembre, 172.

Situation économique et commerciale du Japon.— 1887, novembre, 181.

La concurrence allemande universelle. — 1887, novembre, 182.

La situation commerciale en Bavière. — 1887, novembre, 183.

Francfort et le commerce d'exportation allemande. — 1887, novembre, 184.

Le commerce français à Salonique et dans les échelles du Levant. — 1887, novembre, 185.

Le mouvement commercial de Tripoli, de Barbarie et nos importations en Tripolitaine. — 1887, novembre, 188.

Situation du commerce extérieur en Egypte. — 1887, novembre, 190.

Le congrès des chambres de commerce françaises. — 1887, novembre, 192.

La soie artificielle. — 1888, janvier, 151.

Commerce extérieur du Japon. — 1888, janvier, 157.

Le congrès commercial du Midi à Cette. — 1888, janvier, 158.

Le développement du commerce au Canada. — 1888, janvier, 158.

La nouvelle pompe. Découvertes pyrotechniques et photographiques. Canon pneumatique. — 1888, février, 445.

Port Saint-Louis et la navigation du Rhône, par G. d'Orcet. — 1888, mars, 161-78.

Commerce et navigation du port de Chicago. — 1888, mars, 182.

La surtaxe anglaise sur les vins en bouteilles. — 1888, mai, 189.

Commerce de la France avec le Canada. — 1888, mai, 192.

Situation économique de la Finlande. — 1889, avril, 427.

L'industrie du naphte en Russie. — 1889, avril, 429.

Le musc artificiel. Les essences artificielles. Les falsifications de l'huile de résine dans la fabrication de la peinture. — 1889, septembre, 157.

L'exposition et l'Amérique latine, par G. d'Orcet. — 1889, octobre, 319-47.

Le pont sur la Manche, par G. — 1890, août, 209-21.

L'éclairage des mines : lampe Stella. — 1890, septembre, 161.

Production et commerce des laines. — 1892, février, 387.

L'industrie des teintures en Suisse. — 1892, février, 396.

La porcelaine d'amiante. — 1892, février, 397.

Perles et turquoises. — 1892, février, 402.

Histoire de la librairie en Angleterre, par A. V. — 1892, mars, 67-89.

Compagnie parisienne du gaz. — 1892, avril, 441.

Tailleur pour dames. Scènes de la vie du grand monde, par A. V. — 1892, mai, 141-47.

Le jouet moderne, par Emmanuel Ratouin. — 1893, janvier, 161-72.

Un type de patron en Amérique, par G. d'Orcet. — 1893, février, 277-308.

La loi des patentes et les grands magasins, par Plassard, Morin, Fillat, directeurs du Bon-Marché. — 1893, février, 403-9.

L'emploi du sel pour la fusion des neiges à Paris. — 1893, février, 411.

Vase en papier durci pour laboratoire. — 1893, février, 413.

L'huile d'œufs de sauterelles d'Algérie. — 1893, août, 432.

Statistique commerciale. — 1894, août, 318.

Laboratoire d'essais des papiers. — 1894, septembre, 153.

Le développement industriel du Japon. — 1895, janvier, 141.

Les huîtres et l'hygiène. — 1895, octobre, 366.

Les voitures automobiles en Angleterre, par Mortimer d'Ocagne. — 1895, novembre, 137-44.

Compagnie parisienne d'éclairage et de chauffage par le gaz. — 1896, avril, 439.

Les voitures sans chevaux, par le baron Abel Rogniat. — 1896, juin, 381-408.

La question des allumettes. — 1896, juillet, 154.

L'inauguration du chenal des Portes de Fer, par Raoul Chélard.—1896,
   août, 245-56.
La traction automobile. — 1896, septembre, 163.
Le papier de pulpe de bois. — 1896, novembre, 170.
Le beurre de coco. — 1896, novembre, 172.
Abaissement de la production du gaz naturel aux Etats-Unis. — 1896,
   novembre, 171.
Industrie et commerce en Russie. — 1897, janvier, 163-70.
Les automobiles en 1825 et en 1897. — 1897, février, 377.
L'industrie des tresseuses de paille en Italie. — 1897, juin, 277.
Le commerce maritime de l'Allemagne du Nord.— 1897, novembre, 115.
Industrie et commerce en Russie, par C. Courrière. — 1898, janvier,
   163-70.
L'approvisionnement de la viande en Angleterre, par P. Guerraz. —
   1899, juillet, 113-32.
Les vieilles annonces, par E. Rodocanachi. —1899, octobre, 253-59.
L'usine des canons Armstrong, par O. S. — 1901, avril, 243-63.
Ouvriers anglais et américains. — 1901, septembre, 5-46.

h. *Finances. — Impôts.*

La banque dans l'antiquité à Babylone, à Athènes, à Rome, par Hephell.
   — 1880, avril, 319-36.
Les finances du premier empire, par Amédée-Edmond Blanc. — 1880,
   mai, 143-72.
La réforme des impôts, par le Dr L. Turrel. — 1880, mai, 195-218.
Les finances du second empire, par A.-E. Blanc. — 1880, juillet, 95-116.
Les dégrèvements. Les assurances, par le Dr Turrel. — 1881, février,
   511-24.
La nouvelle loi financière italienne, par Paul de Turenne, premier se-
   crétaire d'ambassade. — 1881, avril, 387-406.
La France et le bimétallisme, par G. d'Orcet. — 1881, mai, 5-41.
La question de l'argent et les instruments de crédit, dans la deuxième
   moitié du dix-neuvième siècle, par Octave Noël. — 1881, novembre,
   171 ; décembre, 415.
Les finances de l'Égypte pendant l'occupation française, par André
   Peyrusse. — 1882, octobre, 437-97.
La liste civile en France. — 1882, décembre, 431-42.
Le réseau de l'Etat et le budget, par O. N. — 1883, février, 437-54.
Le budget de la France, 1869-1884, par Amédée-Edmond Blanc. — 1883,
   avril, 397-413.
Conséquences financières et économiques des conventions de 1859, par
   O. N. — 1883, avril, 477-502.
Les nouvelles conventions entre l'Etat et les grandes compagnies, par
   Octave Noël. — 1883, juillet, 173-98.
Rapport de la commission permanente des valeurs de douane. —1883,
   octobre, 457.

La gestion financière en France depuis 1871, par O. N. — 1884, février, 423-63 ; mars, 95-116 ; avril, 439-67 ; mai, 147-206.
L'impôt foncier sur les propriétés non bâties, par Arthur Legrand. —
1884, novembre, 173-94.
Les finances de l'ancien régime et de la révolution, par Octave Noël.
— 1885, juillet, 175-83.
Les Indes et la dépréciation de l'argent, par G. D. — 1885, décembre,
448-54.
Le crédit agricole, par Arthur Legrand. — 1886, avril, 277-308.
Les impôts et les finances de l'Europe sous Charles-Quint et Philippe II.
par Ed. de Bonnal. — 1886, juillet, 91-124.
Situation du marché. Rentes françaises et étrangères, etc. — 1888, jan-
vier, 238.
Etat économique du marché. Impression des places étrangères. Balance
du commerce extérieur. Bourse de Paris. — 1888, septembre, 222.
Les origines de la dette fondée en Angleterre, par Léon Poinsard. —
1888, octobre, 279-98.
Marché monétaire. Renchérissement de l'argent. Fonds italiens. Le
Suez. Valeurs diverses. — 1888, octobre, 436.
L'impôt sur les opérations de bourse. — 1888, novembre, 234.
La dette perpétuelle en Angleterre au dix-huitième siècle, par Léon
Poinsard. — 1889, janvier, 138-64.
L'impôt sur le revenu et la richesse immobilière, par Stradella. — 1889,
février, 217-41.
La conversion. L'emprunt. Les valeurs étrangères. — 1889, juin, 222.
Les recettes des chemins de fer en 1889, par E. Jullien. — 1890, février,
361-78.
Les actions de chemins de fer. Le pont sur la Manche. L'emprunt. Le
budget. Le Crédit foncier. — 1890, février, 144.
Derniers échos statistiques de 1889. Reconstitution des réserves métal-
liques européennes. Le crédit et les capitaux. — 1890, mars, 217.
Statistique fiscale : impôts. — Statistiques municipales. Emprunt de la
Ville de Paris. Les banques. Les fonds publics. — 1890, avril, 132.
Commerce et trafic des chemins de fer. Epargne. Disponibilité. — 1890,
mai, 209.
Relèvement des impôts. Importations et exportations. — 1890, juin, 439.

i. *Monnaies. — Banques. — Caisses d'épargne. — Assurances.*

Institutions de prévoyance. L'assurance, par A. L. — 1880, janvier, 165-97.
L'assurance, par le Dr L. Turrel. — 1880, février, 345-86.
La banque dans l'antiquité, à Babylone, à Athènes, à Rome, par Hephell.
— 1880, avril, 319-36.
Disparition du trésor de Mysore. 1880, juillet, 259.
Le dégrèvement. Les assurances, par le Dr L. Turrel. — 1881, février,
311-24.
La France et le bimétallisme, par G. d'Orcet. — 1881, mai, 5-41.

La question de l'argent et les instruments de crédit dans la seconde
moitié du dix-neuvième siècle, par Octave Noël. — 1881, novembre,
171-88; décembre, 415-52.

Léon Say clef de voûte de la situation financière. Le rachat des chemins
de fer. Mouvement des valeurs. L'Union générale. Le canal de Suez.
— 1882, janvier, 289.

La crise financière à Lyon et à Paris. L'Union générale.—1882, février, 566.

Le calme. La crise. L'Union nouvelle et la nouvelle émission. — 1882,
mars, 274.

Apaisement et détente. Les assemblées d'actionnaires. La Banque
nationale. La nouvelle Union. Fusion des sociétés de crédit. — 1882,
avril, 569.

Les événements d'Egypte. Baisse générale. — 1882, juin, 611.

Fonds publics. Crédit financier. Banque transatlantique. — 1882, octobre, 655.

Baisse générale. Les sociétés de crédit. Suez et Panama. — 1882, novembre, 319.

Chronique financière. — 1883, janvier, 261 ; février, 592 ; mars, 260;
avril, 559.

Conversion de la rente française. Convention de l'Etat avec les Compagnies de chemins de fer. — 1883, mai, 306.

Crédit foncier. Banque ottomane. — 1883, juin, 594.

Chronique financière. — 1884, juillet, 262 ; août, 626 ; septembre, 241.

Obligations Panama. Société des tabacs turcs. — 1883, octobre, 536.

Crises des banques. Nouvelle émission du Crédit foncier. — 1883, novembre, 230.

Crédit du Tonkin. Le canal de Suez. Courrier des assurances. Caisse
de retraite pour la vieillesse. — 1883, décembre, 518.

Convention monétaire de l'Union latine. — 1884, janvier, 271.

L'emprunt d'Etat. Les chemins de fer en Italie. — 1884, février, 635.

Renouvellement de la convention monétaire. Assemblée de Suez. —
1884, mars, 258.

Emission de la régie des tabacs turcs. — 1884, avril, 459.

Conversion anglaise. Chemins de fer italiens. — 1884, mai, 271.

Compagnie de Suez. Compagnie des allumettes. — 1884, juin, 553.

Rendement des obligations françaises. Mines de diamants du Cap. —
1884, juillet, 244.

Conférence égyptienne à Londres. Neutralisation du canal de Suez. —
1884, juillet, 246.

Réunion des actionnaires du Panama. — 1884, août, 525.

Chemin de fer métropolitain de Paris. Réunion à Constantinople des
financiers européens. Grand succès de l'émission du Crédit foncier.
— 1884, octobre, 391.

Caisse d'épargne postale. Les caisses des écoles et le Crédit foncier. —
1884, décembre, 609.

Crédit agricole. Chemins ottomans. Nouvelle gare Saint-Lazare. — 1885,
janvier, 327.

Taux de l'escompte en Europe. Réseau ottoman. Canal de Suez.— 1885, mars, 305.

Panique à Londres. Nouvelles lois sur les marchés à terme. Chemins de fer serbes. — 1885, avril, 340.

Stock métallique de la France. Assemblée du canal de Suez. — 1885, juin, 555.

Budget de la Ville de Paris. Compagnie des allumettes. — 1885, août, 523.

Extension du réseau des chemins de fer départementaux. — 1885, septembre, 224.

Rendement de la récolte dans le monde entier. Conférence monétaire. Banque de France. — 1885, octobre, 493.

Solution favorable de la conférence monétaire. Les nouveaux silvers-dollars français. Les valeurs à lots. — 1885, décembre, 548.

Projet d'emprunt de la Ville de Paris. Compagnie des wagons-lits. La nouvelle flotte transatlantique. — 1886, janvier, 231.

Nouvelle loi sur le taux de l'intérêt de l'argent. Réforme du règlement de la Bourse. M. de Lesseps à Panama. — 1886, février, 183.

Le nouvel emprunt de 1 milliard et demi. Emprunt de la Ville de Paris. Compte rendu de la Banque de France. — 1886, mars, 272.

L'emprunt souscrit 21 fois. Les revenus des chemins de fer. Canal des deux mers. — 1886, mai, 243.

Hausse des rentes et obligations de chemins de fer. Projet de société fermière du canal de Panama. — 1886, juin, 522.

Nouvelles lois sur les caisses d'épargne. Les téléphones de l'État. Échec de la demande d'émission du Panama. Nouveau réseau ferré de l'État. Paris-Bordeaux. — 1886, juillet, 267.

Les grands travaux du Tonkin. Navigation française. Succès de l'émission nouvelle du Panama. — 1886, août, 593.

Recettes des chemins de fer. Crise agricole. Fonds d'État. Chemins de fer. Institutions de crédit. — 1886, novembre, 249.

Le budget. La Bourse. Fonds d'État et crédits. — 1886, décembre, 573.

Le flottant. Situation commerciale industrielle. La consommation intérieure. Chemins de fer français et étrangers. — 1887, janvier, 253.

Crise financière. Le nouvel impôt personnel et mobilier. La loi sur les céréales. — 1887, février, 561.

Rôle des institutions de crédit. La rente. La Banque parisienne. Les compagnies d'assurance. — 1887, mars, 259.

Rentes françaises. Fonds d'État étrangers. Octroi de Paris. — 1887, avril, 535.

Banque de France. Chemins de fer français et étrangers. Le Suez. La Compagnie transatlantique. — 1887, mai, 296.

Les impôts en France. L'impôt sur les valeurs étrangères. Valeurs diverses. Assurances. — 1887, juin, 593.

Commerce intérieur et extérieur. Émissions du Panama. — 1887, juillet, 269.

Rentes françaises. Banque de France. — 1887, août, 498.

Rentes françaises et étrangères. Obligations municipales. — 1887, septembre, 232.

Fonds d'Etat. Institutions de crédit. Assurances. — 1887, octobre, 518.

Banque d'Angleterre. Chemins de fer français et étrangers. — 1887, décembre, 521.

Situation politique, financière et commerciale. Suez et Panama. — 1888, janvier, 239 ; février, 521 ; mars, 251.

Emission des obligations de Panama. — 1888, juin, 498.

Le privilège de la Banque de France. — 1888, juillet, 111.

Prédominance du Panama sur les affaires. — 1888, décembre, 491.

Un nouveau krack. La Banque de France à la rescousse. M. Bontoux et l'Union générale. — 1889, mars, 227.

Etudes sur la monnaie, par Gustave du Puynode. — 1889, juin, 369-420.

Le monopole des gros capitalistes. Le chemin de fer Decauville. Le doublement du Comptoir d'escompte. — 1889, novembre, 194.

Les grands magasins et les grandes institutions de crédit. Banque d'escompte. — 1889, décembre, 434.

Fonctionnement et situation des caisses d'épargne dans le Royaume-Uni. — 1892, décembre, 420.

Les monts de piété de Paris. — 1895, janvier, 143.

Les caisses de retraite ouvrières en Danemark. — 1896, juillet, 152.

Les timbres-épargne en France et en Allemagne. — 1896, juillet, 153.

La Banque de France. — 1899, février, 322.

4. Économie domestique. — Alimentation.

La disette et la question agraire en Italie. — 1880, janvier, 226.

Le bétail transatlantique en Angleterre. — 1880, janvier, 235.

Approvisionnement des poissons de Londres. — 1880, janvier, 235.

La pipe et le cigare. — 1880, février, 535.

L'action physiologique de l'alcool, par le docteur Richardson. — 1880, septembre, 165.

Le raisin sec. — 1880, septembre, 197.

Les dangers de la gamelle commune et du rasoir banal. — 1880, novembre, 223.

La viande de bison. — 1880, septembre, 279.

Fabrication des substances alimentaires. — 1880, décembre, 493.

Conserves de viandes et conserves de pommes de terre. — 1880, décembre, 497.

La viande de porc trichinée. — 1881, janvier, 227.

Le pain blanc. — 1881, janvier, 231.

Le café. — 1881, juillet, 233.

Action physiologique du café. — 1881, août, 502.

Saucisses et cécité. — 1882, janvier, 220.

Chiens comestibles et chiens de luxe chinois. — 1882, mai, 243.

Les œufs dans l'alimentation, par Octave Sachot. — 1882, juin, 397-421.

Les insectes comestibles, par Octave Sachot. — 1882, juillet, 125-46.

Les ressources alimentaires de la Grande-Bretagne, par O. S. — 1882, août, 389-415.

Comment l'ouvrier se nourrit à Paris, par Antonin Rondelet. — 1882, septembre, 161-85.

La falsification du poivre. — 1883, janvier, 204.

Utilisation du petit lait. — 1883, janvier, 204.

Le marché aux poissons de Londres et son approvisionnement, par O. S. — 1883, février, 347-42.

Les reptiles comestibles, par Octave Sachot. — 1883, mai, 87-118.

Le lait bleu. — 1883, mai, 203.

Les condiments de l'alimentation. — 1883, août, 331.

Les vins célèbres de l'antiquité, par Spire Blondel. — 1883, octobre, 405-34; novembre, 43-76.

Le bouillon. — 1883, décembre, 433.

Le mouton mérinos en Amérique, par O. S. — 1884, avril, 125-37.

Transport des viandes fraîches des pays d'outre-mer. — 1884, avril, 469.

La gastronomie en Angleterre. — 1884, septembre, 209.

Les eaux de Paris et les eaux de Londres. — 1884, novembre, 195.

L'action physiologique du café. — 1884, novembre, 197.

Une nouvelle substance alimentaire. — 1885, février, 193.

La conservation du poisson et le repeuplement des rivières en Belgique. — 1885, avril, 475.

Les nouvelles réserves de chasse en Écosse et l'élevage du mouton, par Octave Sachot. — 1885, septembre, 41-66.

Falsification de l'huile d'olive. — 1885, novembre, 187.

La sobriété dans le régime alimentaire. — 1885, novembre, 188.

Le café et ses effets. — 1886, janvier, 154.

La morue rouge. — 1887, janvier, 519.

La consommation des vins en Angleterre. — 1887, septembre, 171.

Les falsifications des denrées alimentaires à l'étranger. — 1887, octobre, 433.

Lanoline et graisse d'oie. — 1887, octobre, 444.

Le fromage végétal. — 1887, octobre, 447.

Les falsifications des denrées alimentaires et des boissons en Angleterre, par O. S. — 1889, mai, 147-72.

De l'influence de l'alimentation du ver à soie sur la coloration de la soie. — 1890, octobre, 402.

L'exposition de Tokio et le progrès au Japon. — 1891, janvier, 139-45.

La production de la laine. — 1891, janvier, 155.

La fabrication du papier et l'impression en France. — 1891, mai, 157.

Pêche en eau douce et pêche marine, par Octave Sachot. — 1891, août, 255-83.

L'art dans la cuisine, par A. V. — 1891, novembre, 153-68.

Tailleur pour dames. Scènes de la vie du grand monde, par A. V. — 1892, mai, 144-47.

Une invasion de souris, par Octave Sachot. — 1892, juillet, 85-96.

Le pain et le biscuit. — 1892, décembre, 426.

Le sel des populations de l'Afrique australe. — 1893, avril. 279.

Compagnie parisienne d'éclairage et de chauffage par le gaz. — 1893, avril, 441.

Le caoutchouc artificiel. — 1893, novembre, 168.

Le savon dans la pâtisserie et dans le pain. Sophistication du pain en Angleterre. — 1893, novembre, 169.

Le pain des manutentions militaires. — 1894, février, 439.

Les huîtres et l'hygiène. — 1895, octobre, 366.

Les accessoires de l'alimentation. Leur influence sur la digestion, par O. S. — 1895, janvier, 127-40.

Production des combustibles minéraux dans les principaux pays producteurs. — 1895, janvier, 150.

Le nouveau pain de guerre. La fève comme aliment. — 1897, avril, 272.

5. Mathématiques. — Physique et chimie.

Physique. — L'audiphone de M. Rodes. — 1880, février, 490.

Un nouvel appareil microphonique. — 1880, avril, 437.

Une expérience d'éclairage électrique. — 1880, juin, 450.

Une nouvelle application du photophone. — 1880, décembre, 502.

Electricité et aérostation. — 1881, novembre, 193.

Electro-chimie. — 1882, mars, 194.

Un champignon de la colle de farine. — 1882, mai, 245.

Les machines électriques Edison à traction. — 1882, mai, 241.

Acide cyanhydrique et embaumement. — 1882, octobre, 565.

Les cours scientifiques et les appareils à projections. — 1882, décembre, 489.

Le magnétisme des grandes cités. — 1883, mai, 209.

La lumière électrique et le congrès de la Croix-Rouge. — 1884, novembre, 198.

Pénétration de la lumière dans l'eau. — 1885, juin, 478.

Pesanteur spécifique des bois d'Amérique. — 1885, septembre, 157.

De l'utilisation de la chaleur centrale de la terre. — 1885, novembre, 181.

La nomenclature chimique fantaisiste. — 1886, janvier, 155.

Fraudes de la chimie. — 1886, mars, 197.

Danger d'incendie par l'acide azotique. — 1886, juin, 449.

L'influence calorifique des courants marins et atmosphériques. — 1886, juin, 451.

Les aérostats dirigeables. — 1886, octobre, 435.

Le transport de la force à de longues distances. — 1886, octobre, 437.

Dilatation et contraction des constructions métalliques. — 1887, avril, 477.

Conservation du bois par l'immersion. — 1887, avril, 478.

L'odorat et l'analyse chimique. — 1887, août, 438.

Production instantanée de la vapeur. — 1888, janvier, 152.

L'électricité calculatrice. — 1888, avril, 420.
Clarification des eaux. — 1888, juin, 420.
Les perfectionnements du phonographe. — 1888, juillet, 147.
Une ascension au Mont-Blanc. — 1891, janvier, 145.
Le magnétisme judiciaire, par Ross George Dering. Traduit par O. Sachot. — 1891, décembre, 388-405.
Le mètre international. — 1891, décembre, 411.
Effets en mer du filage de l'eau de savon. — 1894, août, 322.
La magie moderne, par O. S. — 1895, mai, 55-90.
La pendule type de l'Observatoire. — 1896, juillet, 147.
Viciation de l'atmosphère du sous-sol parisien. — 1896, juillet, 141.
L'acétylène. Production et maniement. — 1896, octobre, 167.
Abaissement de la production du gaz naturel aux Etats-Unis. — 1896, novembre, 171.
Application des rayons Rœntgen à l'étude de la pleurésie et de la tuberculose. — 1897, avril, 271.
De l'action physiologique des rayons Rœntgen. — 1897, juin, 267.
Dénaturation et renaturation de l'alcool. — 1897, juin, 272.
L'essence de rose française. - 1897, juin, 276.

Chimie. — Les fraudes de la chimie : sirops de fruits et senteurs. — 1886, mars, 197.
Procédé chimique pour reconnaître les retouches frauduleuses sur les manuscrits. Encre sympathique. — 1893, février, 414.
Le borure de carbone. — 1894, avril, 455.
Les bacilles des terrains houillers. — 1895, mars, 149.
Epuration chimique de l'eau d'alimentation et de l'eau des égouts. L'eau potable et les bactéries. — 1895, juillet, 173.

6. Astronomie.

Les taches et protubérances du soleil. — 1880, septembre, 195.
Un télescope monstre. — 1882, octobre, 565.
L'Observatoire du pic du Midi. — 1882, novembre, 242.
La grande éclipse de 1883. — 1882, décembre, 477.
Le passage de Vénus sur le soleil. — 1882, décembre, 476.
Les observatoires de montagne, par O. S. — 1885, juin, 375-404.
La photographie appliquée à l'astronomie. — 1885, juin, 475.
L'heure universelle. Un annuaire astronomique chaldéen. — 1891, janvier, 146.
L'observatoire du mont Blanc. — 1891, décembre, 409.
Le laboratoire Arago. — 1891, décembre, 411.
Explication du dédoublement des canaux de Mars. — 1892, décembre, 423.
Après la mort de la Terre, par Camille Flammarion. — 1893, juillet, 159-66.

7. Météorologie.

Effets du froid sur le phylloxéra et autres insectes. — 1880, mars, 187.

La température des eaux souterraines de Paris. — 1880, mars, 188.

Le froid et ses applications scientifiques à l'industrie. — 1880, avril, 438.

Influence de la lumière colorée sur les animaux. — 1880, septembre, 194.

Appareils nouveaux pour l'utilisation industrielle de la chaleur solaire. — 1880, septembre, 196.

Les météorites artificielles. — 1882, janvier, 218.

Le froid et la folie. — 1882, janvier, 222.

Phénomènes météorologiques. — 1882, mars, 194.

Hubert et la loi des cyclones. — 1882, mars, 202.

La glace de Norvège. — 1882, décembre, 400.

La mort par le froid. — 1882, décembre, 490.

La météorologie et le commerce dans la baie d'Hudson. — 1884, septembre, 211.

Etudes sur les aurores boréales. — 1884, novembre, 202.

Coloration de la mer Rouge. — 1885, avril, 457.

Anomalies des températures souterraines. — 1886, janvier, 163.

Les perturbations atmosphériques et les essaims d'étoiles filantes. — 1890, octobre, 400.

Tableaux des diverses vitesses exprimées en mètres par secondes, par James Jackson. — 1894, janvier, 246.

Signes précurseurs des tremblements de terre. Le tremblement de terre de Constantinople. — 1894, novembre, 179.

La météorite monstre du Groënland. — 1896, juillet, 147.

Les études de l'atmosphère par ballons. — 1897, avril, 209.

Une pluie rouge. — 1897, avril, 275.

Les pierres précieuses, par O. S. — 1898, janvier, 31.

8. Arts militaires.

Les canons de 100 tonnes. — 1880, février, 487.

Une expérience d'artillerie. — 1880, mars, 193.

Les troupes indigènes des Indes, par John Adye. — 1880, mai, 5-40.

La bataille de Candahar. — 1881, juin, 237-74.

Un siège dans le Transwaal. — 1881, septembre, 65-108.

L'exploration des places d'armes à feu au moyen du téléphone. Les anesthésiques et leur zone maniable. — 1882, janvier, 206.

Le canon de 100 tonnes Armstrong. — 1882, janvier, 219.

L'épée, ses formes, son histoire, par A. V. — 1884, mars, 181-203.

L'armée chinoise, par G. d'Orcet. — 1884, juin, 353-76.

Gros canons et petites torpilles. — 1884, juin, 484.

L'artillerie suédoise. — 1884, septembre, 215.

Les fortifications de Pola. — 1884, novembre, 212.

L'état de l'armée anglaise, par G. d'Orcet. — 1885, février, 429-57.

Nouvelle mitrailleuse. — 1885, février, 510.

L'armée des Indes, par G. d'Orcet. — 1885, mai, 135-58.

Les chevaux de guerre et la cavalerie anglaise, par O. S. — 1884, décembre, 385-98.

Le soldat chinois de la dernière guerre, par G. d'Orcet. — 1886, février, 241-69.

L'armée turque, son origine et ses transformations. La Turquie au point de vue stratégique, par O. S. — 1886, mars, 174-96.

Le parlementarisme militaire en Italie, par Miles. — 1886, mai, 167-73.

Les balles de l'avenir. — 1886, novembre, 187.

Canon pneumatique américain. — 1887, avril, 480.

Souvenirs militaires de l'Inde anglaise, 1886, par Robert de Pommorio. — 1887, juin, 473-508.

Téléphone maritime. — 1888, juin, 431.

L'exposition militaire, par Germain Bapst. — 1889, novembre, 119-28.

Lettres d'un réserviste, par Noll. — 1892, février, 343-57.

Souvenirs de la guerre de Turquie. — 1893, janvier, 129-42.

Les régiments écossais au service de la France, par le baron de Noirmont. — 1894, mars, 5-40.

Les oiseaux à la guerre. — 1894, septembre, 72.

L'ordre du Christ de Portugal et la conquête de l'Asie, par G. d'Orcet. — 1894, août, 169-96.

L'armée anglaise au Zululand en 1879, par Aurélien de Courson. — 1895, février, 193-228.

L'Ecole militaire et le Champ-de-Mars, par Marcel de Baillehache. — 1896, avril, 247-82.

Les ballons militaires. — 1896, juin, 444.

Stonewall Jackson et la guerre civile d'Amérique, par O. S. — 1899, avril, 213-44.

Les Etats-Unis et leur évolution militaire, par G. d'Orcet. — 1899, mai, 33-52.

9. Marine. — Navigation.

Couleurs à donner aux embarcations pour les attaques de nuit. — 1880, février, 485.

Les ateliers de constructions navales de M. M. Napié. — 1880, février, 485.

Un nouveau type de bâtiment cuirassé. — 1880, février, 486.

Développement de la marine italienne. — 1880, décembre, 510.

Armements maritimes; les gros tonnages. — 1880, décembre, 519.

L'organisation du service de santé du canal interocéanique. — 1881, janvier, 222.

La torpille Ericsson. — 1881, janvier, 224.

Les marines militaires du monde, par X. R. — 1881, mars, 5-38.

Le pavillon anglais. — 1881, septembre, 228.

Cuirassés et non cuirassés, canons et calibres. — 1882, juin, 333-67.

L'action calmante de l'huile sur les vagues. — 1882, novembre, 244.

La question maritime comme on l'entend en Angleterre, par X. R. — 1883, mars, 97-118.

Les grands services maritimes de France, par Mortimer d'Ocagne. — 1883, avril, 379-96.

Le démantellement d'un navire cuirassé. — 1884, septembre, 216.

Fanaux et phares flottants. — 1884, novembre, 206.

Cuirassés et torpilles. — 1884, novembre, 213.

La flotte britannique et le canal de Suez, par G. d'Orcet. — 1885, mars, 5-34.

Nouvelle torpille. — 1885, septembre, 170.

La marine marchande des différents peuples. — 1885, septembre, 171.

Les grandes manœuvres navales en Italie, par G. d'Orcet. — 1885, décembre, 369-84.

Les nouveaux croiseurs japonais. — 1886, septembre, 191.

L'instruction militaire [des chauffeurs de la marine à vapeur britannique, — 1886, septembre, 191.

Les sondages du Pacifique. — 1886, décembre, 464.

Mouvement du port de Tunisie. — 1887, mars, 185.

Services de bateaux de rivière au Tonkin. — 1887, mars, 189.

Topographie sous-marine du golfe de Gênes. — 1887, avril, 473.

Torpilles anglaises. — 1887, avril, 480.

Les nouvelles grandes lignes de steamers. — 1887, juillet, 196.

La question des abordages en mer. — 1887, août, 435.

Les gros canons de la marine italienne. — 1887, août, 435.

Le filage de l'huile et ses effets sur les grosses lames. — 1887, août, 436.

Communication tubulaire sur la Manche. — 1887, août, 436.

Encore le filage de l'huile. — 1887, octobre, 445.

Les collisions en mer et les signaux optiques. — 1887, octobre, 446.

La marine marchande autrichienne. — 1887, novembre, 179.

Mouvement de navigation de la Vistule. — 1887, novembre, 180.

La Compagnie transatlantique et le port du Havre, par Mortimer d'Ocagne. — 1891, juillet, 31-46.

Revue navale des yachts français, par Mortimer d'Ocagne. — 1892, août, 217-24.

Sur les côtes de Norvège, par Louis de Turenne. — 1893, février, 339-72.

Navigation : Seine et Tamise. — 1893, septembre, 196.

Les projets russes de canaux maritimes. — 1895, mars, 152.

Le canal du Rhône à Marseille, par Bruno Rostand. — 1895, mai, 103-18.

Le lancement du *Pothuau*, par Mortimer d'Ocagne. — 1895, octobre, 333-40.

Le nouveau port du Havre. — 1898, septembre, 157.

10. Travaux publics.

Les endiguements de la Durance transformés en fortune publique. — 1880, septembre, 261.
Le tunnel de la Manche au point de vue militaire, par G. d'Orcet. — 1882, mars, 5-38.
Percement de l'isthme de Corinthe. — 1882, mars, 205.
Les phares de la Grande-Bretagne, par O. S. — 1880, mars, 65-102.
L'achèvement du réseau et les conventions avec les grandes compagnies, par Octave Noël. — 1883, juin, 317-49.
Les nouvelles conventions entre l'Etat et les grandes compagnies, par Octave Noël. — 1883, juillet, 173-98.
Les réseaux de l'Etat et le déficit, par O. Noël. — 1884, mars, 5-32.
Projets de tunnels sous-marins. — 1884, septembre, 206.
Dessèchement du Zuiderzée. — 1888, mai, 194.
Le métropolitain de Paris, par Emile Eude. — 1891, février, 339-64.
Les plus grands tunnels du monde. — 1892, novembre, 210.
Le problème de l'isthme américain, par Emile Eude. — 1893, février, 379-402.
Les eaux de Paris à travers les siècles, par Emile Eude. — 1893, mars, 57-65.
Le canal des deux mers. — 1893, novembre, 206.
Le canal du Rhône à Marseille, par Bruno Rostand. — 1895, mai, 103-18.
Revue de l'architecture et des travaux publics. — 1896, septembre, 216-20.
Le chemin de fer de la Sibérie, par C. Courrière. — 1898, février, 237-48.

11. Canaux.

Le canal interocéanique du Panama. Jonction de la mer d'Azof à la mer Caspienne. — 1880, avril, 448.
Le tunnel du Saint-Gothard et le canal du Midi. — 1880, avril, 475.
Le canal de Panama et le tunnel du Saint-Gothard. — 1880, juin, 446.
Le canal du Midi. — 1880, juin, 449.
Le canal maritime allemand. — 1880, juin, 449.
Les endiguements de la Durance transformés en fortune publique. — 1880, septembre, 261.
Le canal maritime de Panama, par Mortimer d'Ocagne. — 1880, novembre, 291.
Le canal de la Marne au Rhin et le canal de l'Est. — 1881, février, 525.
Opposition au canal de Panama. — 1881, mai, 288.
Le canal interocéanique de Panama. — 1881, août, 505; 1886, juin, 452.

Percement de l'isthme de Corinthe. — 1882, mars, 205.

Projet de tunnels sous-marins. — 1884, septembre, 206.

Les Etats-Unis et le canal de Panama. — 1885, mars, 229-41.

L'état sanitaire de l'isthme de Panama. — 1886, septembre, 199.

Le canal des deux mers et la main-d'œuvre militaire, par Denis de Rivoyre. — 1886, novembre, 147-62.

Port Tewfick et le transit du canal de Suez. — 1887, mars, 181.

Un canal de navigation maritime et fluviale entre la Méditerranée et le golfe Persique. — 1887, mars, 183.

Accroissement du domaine de la compagnie du canal interocéanique. — 1887, juillet, 193.

Le canal maritime de Manchester. — 1887, novembre, 177.

Le canal maritime de Birmingham à la Mersey, par Octave Sachot. — 1891, janvier, 156.

12. Chemins de fer.

Les voies ferrées du bas Danube. — 1880, février, 515.

Deux projets de réseaux ferrés de Vienne à Salonique. — 1880, mai, 234.

Chemins de fer à l'électricité. — 1880, juin, 450.

Le chemin de fer algérien-sénégalien. — 1880, septembre, 188.

Les chemins de fer du Sénégal, par A. Clapier. — 1881, mai, 215-40.

Chemin de fer entre l'Angleterre et la France. — 1881, juin, 549.

Les accidents de chemins de fer. — 1881, novembre, 205.

Le socialisme d'Etat et la question économique en France. Le rachat des chemins de fer, par Octave Noël. — 1882, mai, 5-64.

Le percement d'un tunnel en Amérique, par O. S. — 1882, mai, 173-200.

Les chemins de fer dans le monde entier, par A. L. — 1882, juillet, 169-91.

Les chemins de fer d'intérêt local, par Octave Noël. — 1883, octobre, 289-316.

Les chemins de fer russes en Asie, par O. S. — 1884, février, 321-53.

Les réseaux de l'Etat et le déficit, par Octave Noël. — 1884, mars, 5-32.

M. G. Cavaignac, député, et le réseau de l'Etat, par Octave Noël. — 1885, janvier, 237-73.

Encouragement à l'industrie des chemins de fer en Russie. — 1885, avril, 471.

L'accroissement des poids des locomotives aux Etats-Unis. — 1885, avril, 471.

Les chemins de fer sud-oranais. — 1887, mars, 185.

Le cinquantenaire des chemins de fer. — 1887, avril, 469.

Les voies ferrées des principaux Etats. — 1887, avril, 471.

Les chemins de fer transcontinentaux des Etats-Unis et du Canada. — 1887, juillet, 193.

La Chine et les chemins de fer. — 1887, juillet, 197.

Les voies ferrées dans les possessions anglaises d'Afrique ; commerce et population. — 1887, septembre, 163.

Développement des lignes de chemins de fer algériens et tunisiens. — 1887, septembre, 169.

Les chemins de fer en Chine. — 1887, septembre, 165.

Extension du réseau ferré américain. — 1887, septembre, 167.

Le grand chemin de fer russo-sibérien. — 1887, novembre, 178.

Le chemin de fer direct de Mayence à Anvers et le raccourcissement de la ligne d'Anvers à Marseille. — 1887, novembre, 189.

Téléphone des chemins de fer. — 1888, juin, 132.

L'avenir des chemins de fer en Chine, par O. S. — 1889, avril, 315-31.

Les chemins de fer d'Angleterre, par O. S. — 1889, août, 259-95.

Les moyens de transport et la rapidité des communications à Londres. — 1889, décembre, 417.

13. Postes et télégraphes.

Effets de la résonnance des fils télégraphiques sur certains animaux. — 1881, septembre, 223.

Le service télégraphique anglais. — 1881, septembre, 237.

L'Exposition internationale d'électricité. Le progrès en télégraphie. — 1882, janvier, 201.

Statistiques télégraphiques. — 1883, décembre, 431.

La sténo-télégraphie. — 1887, février, 475.

Le mouvement des postes et télégraphes en Angleterre. — 1887, octobre, 360.

Les postes et télégraphes en Angleterre, par O. S. — 1888, septembre, 83-104.

Le télégraphe sous-marin entre la France et l'Angleterre, par G. A. — 1889, mars, 159-68.

Termites et télégraphes. — 1897, juin, 284.

14. Géologie.

Les inondations, par Armand Landrin. — 1880, janvier, 249.

Le fond de la mer. Sondages du *Blake*. — 1880, février, 179.

Les tremblements de terre, leurs causes, leur origine, par O. S. — 1881, 401-94.

Une nouvelle source thermale. — 1882, mai, 244.

Un volcan de boue. — 1883, mai, 210.

Soulèvement et abaissement du sol. — 1883, octobre, 443.

Théorie des volcans et des tremblements de terre. — 1883, décembre, 429.

Une dérivation au lac Merjelen. — 1884, septembre, 218.

Les anciens glaciers des Alpes et les blocs erratiques. — 1884, novembre, 199.

Le niveau de l'Océan. Le Gulf Stream. — 1884, novembre, 201.

Les tremblements de terre en Espagne. — 1885, février, 501.

Une rivière de poix. — 1885, février, 507.

Les animaux gigantesques, par O. S. — 1885, novembre, 85-103.

Le cours du Rhône sous les eaux du lac Léman. — 1885, novembre, 179.

La dénudation des deux Amériques. — 1885, novembre, 181.

Suicides de la nature. — 1885, novembre, 190.

Les courants du Gulf Stream. — 1886, janvier, 150.

Les tremblements de terre et leurs effets au point de vue psychologique.
    — 1887, avril, 465.

Soulèvement des côtes de la Finlande. — 1887, août, 431.

Les forages artésiens en Algérie. — 1890, janvier, 173.

La disparition du mammouth, par A. L. — 1888, avril, 305-24.

Les mines d'or du Transvaal, par O. S. — 1888, avril, 379.

Production artificielle du rubis. — 1888, avril, 423.

Les pierres précieuses phosphorescentes. — 1888, avril, 426.

Ressources minières du Nord-Ouest Canadien. — 1888, mai, 191.

Les puits de gaz naturel aux Etats-Unis. — 1888, juillet, 119.

Les liquides volatils et la production de la vapeur. — 1888, juillet,
    120.

Les forêts pétrifiées de l'Afrique centrale. Perforation des roches cal-
    caires par les escargots. Les parasites du cachalot. Le venin du sang
    de l'anguille. — 1888, décembre, 424.

Le Krakatoa, par O. S. — 1889, mars, 5-36.

La révolution du globe à l'époque moderne. — 1890, juillet, 131.

L'eau de mer artificielle. — 1890, juillet, 127.

Idalie et les sacrifices humains, par G. d'Orcet. — 1890, août, 299-325.

Éclairage des couches de terrain traversées par les sondes explora-
    trices. L'érygmatoscope. — 1890, octobre, 399.

L'odeur de la terre mouillée. — 1891, août, 369.

Dépression du sol au centre de l'Asie. — 1891, août, 369.

Monticules et sources lacustres. — 1891, août, 370.

Géologie sous-marine du détroit du Pas-de-Calais. — 1891, août, 371.

Sables diamantifères de la Laponie russe. — 1891, août, 371.

Les fossiles des montagnes Rocheuses. — 1891, décembre, 412.

Les lacs des Alpes et du Jura. Le lac du Bourget. — 1892, février, 395.

La filtration de l'eau de mer par les mollusques. — 1892, juillet, 149.

La glacière naturelle du Creux-Percé. — 1892, juillet, 151.

L'époque glacière de l'Amérique du Nord, par O. S. — 1892, août, 341-76.

Fixation des torrents et boisements des montagnes. Le déboisement et
    l'hygiène publique. — 1893, avril, 385.

L'assainissement des eaux potables. — 1893, août, 430.

Le glacier de la Tête-Rousse. — 1893, novembre, 167.

Les récifs madréporiques. La grande barrière de Queensland, par O. S.
    — 1894, janvier, 31-60.

L'assèchement des cours d'eau dans l'Europe orientale. — 1894, sep-
    tembre, 160.

Récentes découvertes paléontologiques. Nains et géants. — 1894, novembre, 175.
Un volcan dans la mer Caspienne. — 1895, mars, 153.
Les lacs de l'Aubrac et les Pyrénées. — 1895, mars, 153.
Une nouvelle espèce de puits dans les roches granitiques de Suède. — 1895, juillet, 171.
Un gisement de fossiles. — 1895, octobre, 373.
Une île boréale. — 1895, octobre, 374.
Le grand Transsibérien et le charbon minéral en Sibérie. — 1897, janvier, 280.
Etudes géologiques dans le Caucase. — 1897, juin, 285.

15. Minéralogie.

Les diamants naturels et artificiels, par O. S. — 1881, mars, 155-89.
La pierre ponce du Krakatoa. — 1884, juillet, 183.
Les ardoises d'Amérique. — 1885, juin, 481.
Le jade. — 1886, juin, 461.
Nouveaux corps simples. — 1886, juin, 449.
Les fers météoriques diamantifères. 1893, avril, 273.
La reproduction artificielle du diamant. — 1893, avril, 375.
L'industrie de l'aluminium. — 1895, octobre, 369.
Nature du charbon. — 1896, septembre, 153.
L'ambre gris. — 1897, novembre, 117.

Mines. — Fabrication des diamants, par Mac Tear. — 1880, janvier, 239.
Les mines de saphirs du royaume de Siam. — 1880, septembre, 199.
Production des métaux précieux aux Etats-Unis. — 1881, juin, 544.
Les diamants naturels et artificiels. — 1881, mars, 155.
Diamant blanc et diamant teinté. — 1882, novembre, 244.
Le régime minier en Amérique. Les mines du Colorado. — 1883, mars, 183.
Une mine d'or de la Norvège. — 1883, août, 547.
Les mines d'or dans les temps anciens et dans les temps modernes, par O. S. — 1884, mars, 117-48.
Mines d'or en Espagne. — 1884, juin, 183.
Les mines d'or du Pic-Perdu. — 1895, octobre, 352.
Diamants des sables et diamants de l'acier. — 1896, septembre, 151.
Les mines de cuivre du Sinaï. — 1896, septembre, 147.
La production de l'or et la politique anglaise, par d'Agiout. — 1896, janvier, 169-74.

16. Métallurgie.

L'industrie métallurgique dans le Cleveland. — 1880, avril, 449.
Un nouvel alliage. — 1880, avril, 450.
Production des métaux précieux aux Etats-Unis. — 1881, juin, 544.

Le régime minier en Amérique. Les mines du Colorado. — 1883, mars, 183.

L'étain dans l'antiquité, par G. d'Orcet. — 1885, août, 397-424.

Les mines d'étain de la Virginie. — 1885, septembre, 157.

La fonte et le fer forgé. — 1885, septembre, 169.

Le fer dans l'antiquité. — 1886, janvier, 160.

Les soldats de plomb, par Léon Duplessis. — 1889, mars, 79-94.

Le cuivre et le bronze dans l'antiquité. — 1893, février, 418.

Présence constatée du diamant dans le fer météorique. — 1893, février, 412.

Les métaux précieux et les ouvrages d'or et d'argent. La production des gisements aurifères du monde en 1893. — 1894, février, 437.

Un nouveau composé de l'aluminium. — 1894, septembre, 159.

Soudure de l'aluminium. Son alliage à l'acier. — 1896, juillet, 148.

Trempe de l'acier à l'acide phénique. — 1897, avril, 275.

HOUILLE. — Le Tonkin et les terrains houillers. — 1882, octobre, 555.

Production de l'anthracite en Pensylvanie. — 1885, novembre, 184.

Les houilles de la Nouvelle-Calédonie. — 1887, juillet, 194.

Situation de l'industrie houillère belge. — 1887, juillet, 205.

Les terrains houillers de la région de l'Altaï. — 1894, novembre, 176.

Nature du charbon. — 1894, septembre, 153.

17. Agriculture.

a. Généralités. — b. L'agriculture en Europe. — c. L'agriculture en Asie. — d. L'agriculture en Afrique, en Amérique, en Océanie. — e. La ferme. — f. Horticulture. — g. Viticulture. — h. Sylviculture. — i. Engrais. — j. Céréales.

a. GÉNÉRALITÉS. — L'œnocyanine. - 1882, décembre, 481.

Propagation du quinquina. — 1881, février, 539.

L'industrie chevaline, par Arthur Legrand. — 1883, juin, 421-46.

Utilisation des cadavres des animaux charbonneux. — 1883, octobre, 451.

Phylloxera et goudron. — 1884, novembre, 204.

La coloration dans les fleurs et chez les insectes, par O. S. — 1885, janvier, 207-31.

Perfidies végétales. — 1885, février, 508.

La Société des naturalistes pratiques. — 1886, mars, 212.

Nos végétaux vénéneux : les cytises. — 1886, juin, 443.

De la composition des engrais par rapport au rendement des récoltes. — 1889, février, 399.

Nécessité de l'emploi des phosphates sur le sol algérien. — 1889, février, 400.

Le chancre des arbres fruitiers. — 1889, avril, 432.

Les syndicats agricoles, par Mortimer d'Ocagne. — 1890, mars, 131-39.

De l'emploi des cendres pyriteuses en agriculture. — 1891, mai, 162.

Société nationale d'acclimatation. — 1892, février, 358.

Le concours général agricole de Paris, par R. de Najac.—1892, mars, 66.

La destruction des campagnols par le bacille du typhus des muridés. — 1893, octobre, 357.

Nouvelles des sciences et de l'agriculture. — 1893, juin, 429.

La protection des oiseaux, par O.S. — 1893, août, 349-72.

Moyens de hâter et d'assurer la germination des végétaux. — 1894, avril, 450.

Maladie des végétaux. La gomme des ailantes et de la vigne. — 1894, octobre, 173.

Effets des diverses radiations du spectre solaire sur les plantes. — 1896, février, 402.

b. Agriculture en Europe. — Le congrès des agriculteurs. — 1880, février, 492.

L'eucalyptus et les trappistes des Trois-Fontaines. — 1880, juillet, 258.

La propagation du quinquina. — 1881, février, 539.

Les prodiges de la pilocarpine. — 1882, janvier, 221.

Les prix de la Société des agriculteurs de France.—1882, novembre, 243.

Le phylloxera en Suisse. — 1882, décembre, 478.

Pays d'origine de la pomme de terre. — 1883, mai, 211.

La culture du quinquina. — 1883, octobre, 147.

Le cresson. — 1884, avril, 479.

La culture des céréales en Scandinavie et en Islande. — 1885, novembre, 191.

La maladie des pêchers. — 1886, septembre, 196.

Culture et préparation du poivre. — 1887, avril, 475.

La Société d'agriculture de la Loire. — 1887, juin, 510.

Les truffes de Champagne et de Bourgogne. — 1887, juin, 513.

L'exposition d'aviculture, par Raoul de Najac. — 1891, avril, 102.

L'acclimatation de l'eucalyptus et la propagation de cet arbre. — 1891, mai, 160.

Amélioration de la Sologne, par Mortimer d'Ocagne. — 1893, janvier, 101-6.

Exposition internationale à Saint-Pétersbourg de culture fruitière et potagère. — 1893, août, 431.

Mode de conservation des raisins frais. — 1894, avril, 452.

Augmentation des récoltes par l'injection du sulfate de carbone dans le sol. — 1894, août, 319.

Les variétés du riz. Un riz centenaire. — 1896, juin, 417.

Les palmiers dattiers en Provence. — 1897, avril, 273.

Les falsifications de la farine et du pain. — 1898, décembre, 281.

L'agriculture anglaise dans le dix-neuvième siècle, par O. S. — 1901, août, 263-85.

c. Agriculture en Asie. — Le Soja du Japon. — 1882, novembre, 236.

Le ta-féou. — 1882, décembre, 484.

Le règne végétal au Tonkin. — 1886, mars, 200.

Culture et préparation du gambier à Singapore. — 1887, mars, 186.

Le sagou. — 1887, juin, 515.

Les thés de l'Inde et de Ceylan. — 1893, avril, 298.

Culture de l'olivier et autres cultures fruitières. La Tunisie centrale. — 1894, avril, 441.

Une mine d'arbres au Tonkin. — 1894, août, 324.

d. AGRICULTURE EN AFRIQUE, EN AMÉRIQUE ET EN OCÉANIE. — Élevage des moutons en Australie. — 1881, septembre, 239.

Une plantation guatémalienne. — 1883, mai, 202.

Les forêts américaines de la côte du Pacifique. — 1886, septembre, 198.

Les ananas et les hautes herbes au Congo. — 1886, septembre, 202.

Les abeilles de l'eucalyptus de l'Australie. — 1887, février, 482.

L'Y-dzi. — 1887, mars, 188.

Les gisements de phosphates de Tunisie. — 1887, juin, 512.

L'oumtehag et les céréales algériennes. — 1889, avril, 430.

L'élevage du mouton en Tunisie. — 1893, août, 417.

e. LA FERME. — Les poitrinaires de la race porcine. — 1880, avril, 442.

L'élevage du cobaye. — 1882, novembre, 235.

Nouveau fourrage : la polygonée sakhalinienne. De l'emploi des feuilles d'arbres et de la feuille de vigne pour l'alimentation du bétail. — 1893, août, 421.

Le cheval argentin. — 1897, août, 237-67.

La remonte de l'armée britannique des Indes, par O. S. — 1898, septembre, 113-36.

Les animaux sauvages en captivité, par Octave Sachot. — 1900, août, 213-38.

Les races chevalines de la Russie, par ***. — 1900, septembre, 55-72.

f. HORTICULTURE. — Culture du framboisier et du groseillier aux États-Unis, par O. S. — 1880, mai, 41-79.

Les jardins, par Hephell. — 1880, juin, 385-408.

Les fleurs de cassie. — 1881, janvier, 230.

Quinquina et doundaké. — 1885, avril, 464.

Coca et cocaïne. — 1885, septembre, 158.

Spartéine et digitale. — 1886, janvier, 150.

Acclimatation en France de nouveaux salmonidés. — 1893, août, 428.

Vente d'orchidées à Londres. — 1893, août, 282.

L'exposition de chrysanthèmes. — 1893, novembre, 148.

Maladie des orchidées, traitement. — 1897, juin, 274.

g. VITICULTURE. — Une vigne nouvelle. — 1880, novembre, 237.

Les parasites de la vigne et du figuier. — 1881, février, 528.

La récolte des vins et des cidres en 1880. — 1881, février, 531.

Vignes chinoises. — 1881, juin, 544.

La viticulture au désert. — 1881, août, 505.

Les vins célèbres de l'Orient, par Spire Blondel. — 1881, septembre, 149-200.

Le bitume de Judée et la vigne. — 1882, mai, 238.

Utilisation des terrains sablonneux à la culture de la vigne. — 1883, octobre, 147.

Situation de la production française en vins et en alcool. — 1886, janvier, 158.

Une nouvelle maladie de la vigne. — 1887, octobre, 441.

La reconstitution des vignobles français. Emploi du sulfure de carbone. Le vin de figue. — 1891, août, 362-363.

La maladie des vignes au temps de Strabon. — 1892, juillet, 152.

Traitement des vignes phylloxérées. — 1893, février, 417.

Un antidote au ver du raisin. — 1893, novembre, 156.

L'araignée de la vigne. — 1893, novembre, 158.

La maladie du mûrier et de la vigne. — 1895, mars, 151.

L'action de l'air sur le moût du raisin. — 1895, octobre, 371.

Les vignes japonaises en France. Le noircissement du cidre. — 1896, juillet, 150.

Tumeurs infectieuses de la vigne. — 1896, septembre, 156.

La culture de la vigne en Angleterre. — 1897, novembre, 113.

h. SYLVICULTURE. — Les bois souterrains de New-Jersey. — 1885, avril, 472.

Une forêt fossile. — 1885, juin, 479.

Arbres miniatures. — 1885, septembre, 172.

La sériciculture et l'industrie de la soie en France. — 1891, décembre, 407.

Maladies nouvelles du mûrier. — 1893, novembre, 155.

i. ENGRAIS. — Collinson-Hall et les engrais chimiques. — 1880, avril,

Le guano de chauve-souris. — 1880, juin, 454.

Engrais et assolements. — 1887, octobre, 122.

Utilisation des marcs de vendange pour les hommes et pour les animaux. — 1893, août, 426.

Dangers pour les bovidés des boues des villes employées comme engrais. Traitement américain des immondices des villes. — 1897, juin, 273.

j. CÉRÉALES. — Conservation du blé. — 1895, octobre, 370.

18. Botanique.

La papaïne. — 1880, avril, 440.

Flore et faune sous-marine du golfe de Gascogne. — 1880, septembre, 189.

Voyages et aventures des plantes, par Xavier Marmier. — 1881, janvier, 29-46.

Le doundaké. — 1885, octobre, 446.

La coloration dans les fleurs et chez les insectes, par O. S. — 1885, janvier, 207-31.

Cocaïne et coca. — 1885, juin, 485.

L'aseptol. — 1885, septembre, 165.

Conservation des plantes rares. — 1885, novembre, 191.

L'alizarine artificielle. — 1886, mars, 199.

Eucalyptus et arsenic. — 1886, mars, 213.

La flore du Tonkin. — 1886, juin, 446.

La flore du Congo français. — 1886, octobre, 433.

L'herbier de Lamarck. — 1887, février, 479.

La gymnema sylvestre. — 1887, août, 437.

L'agneau végétal, par O. S. — 1887, décembre, 427-43.

La réhabilitation des plantes carnivores. — 1890, octobre, 397.

La gutta-percha. — 1890, octobre, 398.

Acclimatation, en France, de nouveaux salmonidés. — 1893, août, 428.

Le rhizostone de la luzerne. — 1893, novembre, 159.

Pourquoi les orchidées ont-elles grimpé sur les arbres, par James Rodney. — 1894, mai, 145-58.

19. Zoologie.

Le tarentisme et la tarentule (Garten laube). — 1880, février, 387-93.

De l'origine des espèces animales, par le docteur Semper. — 1880, février, 502.

Croquis naturalistes de paysans italiens. — 1880, février, 523.

La phosphorescence du lampire. — 1880, mars, 186.

Transformations anormales de l'activité cérébrale, par O. S. — 1880, mars, 155-76.

Le fermage des autruches. — 1880, avril, 397.

Les moyens de multiplication des tæniadés. — 1880, avril, 443.

Phylloxéra et champignons. — 1880, avril, 445.

La vie intime d'un insecte. - 1880, juin, 431.

Les coquilles d'huîtres. — 1880, juin, 456.

L'araignée monstre du Jardin zoologique de Londres. — 1880, juillet, 270.

La déformation crânienne des scieurs de long. — 1880, septembre, 183.

Influence des milieux sur les écrevisses et les céphalopodes. — 1880, septembre, 192.

Le phylloxéra et l'absinthe. — 1880, décembre, 503.

La faune madécasse. — 1881, janvier, 219.

La faune sous-marine. — 1881, avril, 495.

Un nouveau laboratoire de zoologie marine. — 1881, juillet, 225.

L'helminthie vipérine. — 1881, août, 510.

Un parasite du faisan. — 1881, novembre, 190.

Les écrevisses allemandes. — 1881, novembre, 204.

La faune de la Méditerranée. — 1882, janvier, 214.

La superfétation dans la race bovine. — 1882, mars, 205.

Le rôle des vers de terre, par O. S. — 1882, avril, 319-50.

L'œuf d'hiver du phylloxéra. — 1882, mai, 240.

Le dugong et la pêche du dugong, par Geo. S. — 1882, septembre, 187-200.

La sexualité des huîtres. L'huître portugaise. Les parasites de l'huître. — 1882, octobre, 357.

Nouveau protozoaire. Le monde des infiniment petits. — 1882, octobre, 561.

Analyse du mécanisme de la locomotion animale. — 1882, octobre, 566.

Zoologie sous-marine, nouvelle campagne d'exploration. — 1883, août, 535.

Les ténias, leur reproduction. — 1883, août, 543.

Les insectes ailés de l'époque carbonifère. — 1884, avril, 177.

Les perroquets en captivité, par R. N. — 1884, mai, 144-46.

Le lest des otaries. — 1884, juin, 182.

L'anatomie des Boschimans. — 1884, septembre, 210.

Les sangliers et leur extinction dans les Iles Britanniques, par Octave Sachot. — 1884, novembre, 147-71.

Un acarien du saule. — 1884, novembre, 204.

Le géant des lombrics. — 1885, février, 498.

Un scorpion fossile. — 1885, février, 506.

Les migrations des oiseaux, par O. S. — 1885, mars, 192-228.

Un ver nouveau. — 1885, avril, 159.

Le parasite du rat noir et du porc. — 1885, avril, 459.

L'inoculation des bœufs et des hommes en Sénégambie. — 1885, avril, 461.

Photographie du larynx. — 1885, avril, 464.

L'absorption des liquides par la peau. — 1885, juillet, 191.

Une épizootie chez les cervidés britanniques. — 1885, septembre, 166.

Le sphinx. — 1885, octobre, 422.

Le tanghin de Madagascar. — 1885, novembre, 177.

Le serpent de mer, par O. Sachot. — 1886, mai, 3-39.

Un nouveau venu dans la faune belge. — 1886, juin, 447.

Les reptiles péruviens. — 1886, juin, 450.

Les animaux d'Europe en Australie. — 1886, octobre, 427.

La punaise de lit. — 1886, novembre, 186.

L'aiguillon des abeilles. — 1886, décembre, 470.

Le serpent de mer, par O. Sachot (suite). — 1887, février, 476.

Les œufs et les petits de l'ornithorynque. — 1887, avril, 479.

Les pierrots en Amérique. — 1887, juin, 517.

Les scorpions au Mexique. — 1887, juin, 520.

Les insectes dévastateurs, par S. — 1887, juillet, 161-92.

Les microorganismes dans les tissus végétaux. — 1887, août, 429.

Les microorganismes de la bouche et des matières fécales. — 1887, octobre, 437.

Les mouches poitrinaires. — 1887, octobre, 439.

L'yaraque des Indiens de l'Orénoque. — 1889, février, 401.

Les chiens du Kamtchatka. — 1890, mai, 143.

Le cheval, par X. Marmier. — 1890, mai, 146.

Les acclimatations en France du saumon de Californie. — 1890, juillet, 128.

L'exposition d'aviculture, par Raoul de Najac. — 1891, avril, 402.

Degré d'aptitude de résistance au froid chez les animaux domestiques. — 1891, mai, 159.

Le parasite du hanneton et de la sauterelle d'Afrique. — 1891, août, 408.

Les microorganismes de la mer Morte. — 1891, octobre, 408.

Vers blancs et pétrole. — 1891, décembre, 415.

Les hommes des bois, par C. V. — 1892, juillet, 75-84.

Une invasion de souris, par Oct. Sachot. — 1892, juillet, 85-96.

L'alimentation des ophidiens et des reptiles au Jardin des plantes. — 1892, octobre, 359.

Caractères ostéologiques différentiels du lièvre et du lapin. — 1893, février, 415.

Une larve parasite du ver à soie. — 1893, novembre, 160.

Un nouveau parasite des plantes du jardin. — 1894, juillet, 127.

Des moyens de défense chez certains coléoptères. — 1894, août, 321.

L'estomac de l'autruche. — 1894, septembre, 155.

Le mécanisme physiologique de la ponte des acridiens. — 1894, septembre, 157.

Le sang de la salamandre terrestre antitoxique du curare. — 1894, novembre, 170.

Le saumon quinat et le rendement des étangs en France. — 1895, janvier, 149.

Compagnie zoologique et océanographique du prince Albert de Monaco. — 1895, mars, 154.

La vision chez les insectes. — 1896, février, 399.

Fixité de la couleur chez les papillons. — 1896, février, 402.

La musique et la danse dans la nature, par O. S. — 1896, avril, 283-306.

La faune marine profonde. — 1896, juin, 411.

Modification des organes chez les animaux des cavernes. — 1896, juin, 416.

Coloration maladive de l'huître. — 1896, septembre, 154.

Fossiles humains et autres ; paléontologie philosophique. — 1896, septembre, 156.

Régime alimentaire des tortues marines. — 1896, novembre, 173.

Du tatouage employé comme traitement dans l'antiquité et de nos jours. — 1897, juin, 269.

L'HOMME. — L'homme velu primitif, par Grant Allen. — 1880, février, 421-31.

Croquis naturalistes des paysans italiens. — 1880, février, 523.

La déformation crânienne des scieurs de long. — 1880, septembre, 18.

L'allaitement maternel. — 1882, octobre, 367.

Les tornados aux Etats-Unis. — 1882, novembre, 240.

La naissance, le mariage, la mort chez les Chinois, par O. S. — 1882, décembre, 353-66.

Etudes scientifiques au Brésil: exposition anthropologique américaine. — 1883, mars, 187.

Le sens de l'odorat. — 1883, mars, 202.

L'homme et ses points de ressemblance avec les animaux inférieurs, par O. S. — 1883, août, 331-61.

L'homme-chien et la femme-singe. — 1883, août, 543.

Les races de la Russie d'Europe, par O. S. — 1883, septembre, 5-40.

L'origine des Indiens de l'Amérique, par G. d'Orcet. — 1884, mai, 37.

Un nouveau journal d'anthropologie. — 1884, juin, 481.

La ville chinoise de San-Francisco, par O. S. — 1886, août, 321-33.

Les Cinghalais au Jardin d'acclimatation. — 1886, septembre, 138-51.

Anthropologie préhistorique. Découvertes de fossiles. Les grottes du pays de Galles. — 1886, décembre, 457.

Etudes anthropologiques. Montézuma. — 1891, août, 377.

Les Aïnos. — 1892, décembre, 421.

L'homme volant. — 1901, octobre, 238.

ANIMAUX ET PLANTES. — L'huître américaine ; son mode de développement. Les parcs aux huîtres de la Méditerranée. — 1880, mars, 183.

L'hickory et son acclimatation. — 1880, mars, 185.

Un éléphant nouveau-né. — 1880, juin, 453.

Acclimatation du castor chez lord Bute et le duc de Portland. — 1880, juillet, 262.

Les lapins d'Australie. — 1880, novembre, 232.

Les phoques de l'Alaska. — 1881, janvier, 221.

Les troglodytes à notre époque. — 1881, avril, 553.

La réintroduction du grand coq de bruyère en Ecosse, par Octave Sachot. — 1881, novembre, 115-39.

La fourmi fermière. — 1881, novembre, 189.

Les écrevisses allemandes. — 1881, novembre, 204.

Lévriers d'Asie. — 1882, mars, 262.

Le dugong et la pêche du dugong, par Geo. S. — 1882, septembre, 187-200.

L'huître portugaise. Les parasites de l'huître. — 1882, octobre, 557.

Eléphants et rhinocéros d'Argenteuil. — 1883, mai, 540.

Les crocodiles de Madagascar. — 1883, décembre, 426.

Mœurs de la lamproie. — 1883, décembre, 427.

Le mouton mérinos en Amérique, par O. S. — 1884, avril, 425-37.

Acariens du saule. — 1884, novembre, 204.

Les chiens des Incas. — 1885, février, 506.

Le sphinx. — 1885, octobre, 422.

Le tanghin de Madagascar. — 1885, novembre, 177.

Mœurs des fourmis. — 1886, janvier, 164.

Le trade-rat. — 1886, janvier, 165.

Les reptiles pernicieux. — 1886, juin, 450.

Les œufs et les petits de l'ornithorynque. — 1887, avril, 479.

Le serpent de mer. — 1887, février, 476.

Les pierrots en Amérique. — 1887, juin, 517.

Les scorpions au Mexique. — 1887, juin, 520.

Les lapins en Australie et leurs ravages, par Lockhart. — 1888, janvier, 73-88.

Migration des oiseaux. — 1888, février, 441.

La tortue géante des Pyrénées. — 1888, février, 484.

La baleine des Basques. — 1888, avril, 124.

Le castor d'Europe, par P.-A. Pichot. — 1888, mai, 49-78.

L'insecte de la farine. — 1888, juin, 430.

Les flamants chez eux, par O. S. — 1888, juillet, 69-76.

Les acridiens et les moyens de destruction à leur opposer en Algérie. — 1889, avril, 431.

Grouses et ptarmigans, par O. S. — 1889, septembre, 117-38.

Le Jardin zoologique de Londres, par O. S. — 1890, janvier, 143-62.

La vitalité des trichines. — 1890, janvier, 175.

Les huîtres de la rivière, par O. S. — 1890, mai, 69-97.

Les fraudes du commerce de spécimens d'histoire naturelle. Tromperies et trompe-l'œil. — 1890, juin, 369.

Les couleurs dans le règne animal. — 1890, juin, 371.

Observations sur l'éclosion des mouches. — 1890, juillet, 132.

Le lapin en Australie. — 1891, janvier, 155.

L'exposition canine, par Raoul de Najac. — 1891, juin, 372.

Grenouilles parasites et poux des poissons. — 1892, mai, 119.

Le poisson de mer dans les eaux saumâtres. — 1893, août, 427.

Le surmulot dans l'ancien monde occidental. — 1893, août, 432.

Les tigres du jardin zoologique d'Anvers. — 1893, août, 296.

Les serpents, par O. S. — 1893, octobre, 341-80.

Le cheval arabe. Elevage, par O. S. — 1894, septembre, 55-71.

Les grands anthropomorphes. — 1894, septembre, 153.

Commensaux et parasites. — 1894, novembre, 178.

Les nids abandonnés, par O. S. — 1895, mars, 97-111.

La faune de l'Inde anglaise, par O. S. — 1895, juin, 323-64.

La vie animale à la Plata, par Octave Sachot. — 1896, février, 359-98.

Une modification de l'espèce chez le cobaye. — 1896, février, 401.

Les animaux dans leur ménage. — 1897, mars, 85-100.

Activité et impulsions de la vie habituelle des animaux. — 1897, mai, 87-106.

Le poisson femme. — 1897, août, 275-79.

Les grands animaux polaires. — 1897, novembre, 119.

Notes d'histoire naturelle. — 1897, novembre, 121.

Morses et ours blancs. — 1897, novembre, 122.

Les oiseaux de Londres, par O. S. — 1898, avril, 173-200.

Esthétique des animaux en matière de parfums et de sons, par O. Sachot. — 1898, août, 177-93.
La pantomime et l'architecture des oiseaux, par Octave Sachot. — 1899, septembre, 113-35.
Les poissons cartilagineux, par ***. — 1900, septembre, 117-48.
Les papillons exotiques. — 1901, avril, 264.

20. Chasse.

Le gibier et le braconnage en Angleterre, par A. V. — 1880, octobre, 311-30.
Six mois de chasse au kangourou en Australie, par Kensington. — 1880, novembre, 181-99.
Les loups et leur extinction dans les Iles britanniques, par O. S. — 1881, octobre, 489-540.
La réintroduction du grand coq de bruyère en Ecosse, par Octave Sachot. — 1881, novembre, 115-39.
La chasse à la sauvagine en Irlande, par Octave Sachot. — 1883, novembre, 77-114.
Le tir à l'arc en Angleterre et en Amérique, par Geo. S. — 1884, août, 449-59.
La chasse avec des cerfs privés au pays de Caux, sous les Antonins, par le baron D. de Noirmont. — 1885, juillet, 5-20.
Chasse avec le guépard et quelques autres félins, en Orient, depuis l'antiquité jusqu'à nos jours, par le baron Dunoyer de Noirmont. — 1885, octobre, 349-77.
Un parc à cerfs en Angleterre, par G. d'Orcet. — 1886, octobre, 405-12.
La chasse à courre en Angleterre, par O. S. — 1887, novembre, 125-53.
Le cheval aux Etats-Unis d'Amérique, par Le Couteulx de Caumont. — 1888, octobre, 315-35.
La chasse et les lois nouvelles sur la chasse dans l'Inde, par Algernon Leeds. — 1889, novembre, 153-87.
Le prix des chevaux aux Etats-Unis, par Le Couteulx de Caumont. — 1889, janvier, 165-70.
Chasse dans l'Afrique centrale, par Octave Sachot. — 1890, août, 223-46.
Décadence de la chasse, par Antan. — 1891, septembre, 137-50.
Les chasseurs d'alligators, par O. S. — 1892, mars, 161-80.
La transformation de la chasse en Angleterre. — 1894, janvier, 61-150.
Le droit de suite. — 1894, février, 486.
Cyclisme. — 1894, mars, 132.
Un tournoi. Récit des temps chevaleresques, par G. d'Orcet. — 1894, octobre, 363-97.
Les sportmen anglais du vieux temps, par O. S. — 1896, janvier, 105-34.
La chasse au gros gibier dans l'Afrique australe, par Oct. Sachot. — 1896, juillet, 27-69.

Un écrivain cynégétique : le marquis de Foudras, par Laforest. — 1898, février, 201-36.
Un traité de fauconnerie, par Astur. — 1898, avril, 233-42.
La légalité de la chasse au vol, par Gaston de Saint-Marc. — 1899, septembre, 51-86.
La vénerie française, par un veneur anglais, ***. — 1900, juin, 161-84.
Chiens français et chiens anglais, par un veneur français (le comte Le Couteulx de Canteleu). — 1900, juillet, 97-112.
La chasse à courre au printemps et la conservation du gibier. — 1901, mars, 153.

21. Pêche.

La pêche à la ligne et sa littérature en Angleterre, par O. S. — 1880, juillet, 5-34.
Exposition de la pêche à Würtzbourg. — 1880, juillet, 533.
Les pêcheries du Pacifique. — 1881, janvier, 221.
La pêche des perles à Ceylan. — 1881, août, 509.
Le personnel des pêcheries américaines. — 1881, novembre, 203.
Les poissons des puits artésiens. — 1882, mars, 190.
Les pêcheries canadiennes. — 1882, mars, 204.
La pisciculture en Amérique. — 1882, octobre, 562.
L'exposition universelle des pêcheries, par A. V. — 1883, septembre, 65-81.
La vessie natatoire des poissons. — 1885, novembre, 193.
La pêche à la pioche à Ceylan. — 1885, novembre, 194.
Saumons et saumonnières de Norvège. — 1885, novembre, 195.
Le braconnage des rivières. — 1887, juin, 511.
Acclimatation de la sole anglaise dans les eaux américaines. — 1887, juin, 518.
L'industrie de la pêche dans la mer du Nord. — 1889, octobre, 420.
Multiplication des huîtres en vivier. Mœurs du goujon de mer. — 1891, octobre, 403.
Perles et turquoises. — 1892, février, 402.
La pisciculture aux États-Unis. Les poissons qui s'enterrent. — 1892, mai, 151.
L'industrie de la pêche maritime en Allemagne. — 1898, décembre, 273.

22. Sport.

Revue du sport. — 1880, février, 551.
Mort du fameux entraîneur de chevaux Tom Dawson. Victoire de Tommy Lye sur Blue-Bonnet. — 1880, avril, 486.
Les courses de chevaux en Angleterre, par A. V. — 1880, juin, 313-45.
La mosaïque de Lillebonne et la chasse avec des cerfs privés au pays de Caux sous les Antonins. — 1885, juillet, 5-20.

Le pigeon-voyageur. Les concours de pigeons en Amérique, par O. S. — 1886, septembre, 63-86.

Le jeu et les paris en Angleterre, par A. V. — 1889, mars, 47-78.

Courses au taureau et principes de tauromachie, par G. de Frézals. — 1889, septembre, 155-96.

Fillis et Beaucher. — 1891, février, 423.

L'histoire naturelle sur les grands chemins, par O. S. — 1891, octobre, 345-64.

Le concours hippique, polémique historique, par P. de L. — 1892, avril, 362.

Les écuries de la reine d'Angleterre. — 1892, avril, 363-78.

Souvenirs d'Epsom et du Derby, par O. S. — 1892, juin, 201-12.

Le cirque Molier. — 1892, juin, 310.

Les hommes des bois, l'équipage de *Raillie Pont des arts*, par C. V. — 1892, juillet, 75-84.

Le vélocipède, par Noll. — 1892, septembre, 111-29.

Vieilles chasses et animaux disparus, par le baron de Noirmont. — 1893, janvier, 143-59.

Vieilles chasses et animaux disparus, par Revin. — 1893, mai, 175.

Elevage du lapin sauvage en garenne, par Octave Sachot. — 1893, septembre, 29-50.

Mouzoura, mes chiens en Orient, par G. d'Orcet. — 1893, septembre, 129-64.

Vélocipédistes et cavaliers, par Franc Picard. — 1893, novembre, 86.

Sir David Lionnel-Salomon et le mouvement automobile en Angleterre, par le baron Rogniat. — 1896, août, 347-56.

Les voitures sans chevaux, par le baron Rogniat. — 1896, juin, 381-408.

La traction automobile. — 1896, septembre, 163.

Les automobiles en 1825 et 1897. — 1897, février, 277.

La chasse au lévrier et au faucon chez les Kirghises. — 1897, septembre, 67-76.

Les chevaux, le pétrole et l'électricité. — 1897, septembre, 87-96.

Un preneur de loups sous Louis XVI, par le vicomte de Larye. — 1897, novembre, 25-41.

Chevaux et cavalerie argentins. — 1899, février, 302.

Chronique du monde automobile, par le baron Rogniat. — 1899, avril, 245; mai, 105; juin, 293; juillet, 145; août, 311; septembre, 153; octobre, 301; novembre, 142; décembre, 337; 1900, janvier, 137.

Cyclisme. — 1900, avril, 306.

Automobilisme. — 1901, février, 324.

Nouvel hippodrome de Saint-Cloud, réunion d'automne. — 1901, mars, 150.

Concours hippiques, par R. de Najac. — 1901, avril, 312.

Les militaires chasseurs de l'armée britannique et la chasse dans l'Afrique australe, par O. S. — 1901, juin, 173.

Cirques et dompteurs. — 1901, juin, 302.

Un tzar chasseur, par Nicolas Coulépoff. — 1901, novembre, 103-115.

Un vieux fauconnier. — 1901, novembre, 116.
Les premiers chasseurs de renards. — 1901, novembre, 152.

22. Médecine et pharmacie.

Le polymorphisme des téniadés, de M. Mégnin. — 1880, février, 488.
Femmes médecins et avocats. — 1880, février, 534.
Transformations anormales de l'activité cérébrale, par O. S. — 1880, mars, 155-76.
La nitroglycérine médicament. — 1880, mars, 194.
Une élection à l'Académie de médecine. — 1880, avril, 439.
Les eaux thermominérales de Lacaune. — 1880, avril, 452.
Une révolution en médecine, par J. Marey. — 1880, juillet, 203-25.
L'acide phénique. — 1880, septembre, 197.
Étiologie de la maladie charbonneuse : une expérience concluante. — 1880, octobre, 494.
De la transmission de la morve. — 1880, octobre, 495.
Congrès des médecins et naturalistes. — Expériences d'hypnotisme. L'étymologie de « salamander ». — 1880, octobre, 505-07.
La fréquence des cas de rage. — 1880, novembre, 226.
L'affaiblissement de la vue chez les Allemands. — 1880, novembre, 259.
Un contre-poison. — 1880, décembre, 494.
L'asphyxie par l'oxyde de carbone. — 1880, décembre, 501.
La lèpre chez les blancs, roman d'un lépreux, par un médecin de San-Francisco. — 1881, janvier, 299.
La résection de l'intestin. — 1881, février, 537.
Un nouveau genre d'anesthésie. — 1881, février, 538.
La myopie. — 1881, avril, 496.
Le microbe des chaussettes. — 1881, avril, 502.
Un désinfectant. — 1881, avril, 503.
Une campagne contre la vivisection en Allemagne. — 1881, mai, 281.
Expériences sur la sensibilité, de M. Bischop. Antispiritisme. — 1881, mai, 323.
Le champignon des biberons. — 1881, juin, 546.
Les infiniment petits. La « microbomanie ». Les vaccins du charbon. Le virus rabique. — Un sédatif à la rage. — 1881, juillet, 217.
Les parasites végétaux et animaux. Le tænoïde de la perche de Seine. — 1881, juillet, 223.
L'alcool de l'eau et de l'air. — 1881, juillet, 231.
Les suicides en Italie. — 1881, juillet, 235.
La myopie dans les écoles. — 1881, juillet, 236.
La greffe osseuse. — 1881, juillet, 236; 1886, décembre, 471.
L'influence de la nature des aliments sur le développement animal. — 1881, juillet, 237.
Les professions insalubres : polissage et tournasage. — 1881, août, 495.
Autre expérience de vaccination charbonneuse. — 1881, août, 498.

Une mixture hilarante. — 1881, août, 511.

Le venin des serpents et le venin de la salive humaine. — 1881, août, 512.

La guerre au tabac. — 1881, septembre, 235.

La tuberculose et sa transmissibilité par les viandes crues et le vaccin. — 1881, septembre, 239.

Un antidote au venin du serpent. — 1881, novembre, 201.

Le progrès en médecine, par O. S. — 1881, décembre, 297-316.

Les vivisections, par Octave Sachot. — 1882, janvier, 63-84.

Statistique médicale. — 1882, janvier, 210.

Le koumiss et les jumenteries kirghises, par Oct. Sachot. — 1882, février, 113-44.

Autre remède au phylloxéra. — 1882, mars, 180.

Les animaux réviviscents. — 1882, mars, 193.

Question d'anesthésie. — 1882, mars, 195.

L'absorption des virus. — 1882, mars, 196.

Ankylostomes et anguillules. — 1882, mars, 197.

L'asphyxie des nouveau-nés et des adultes. — 1882, mai, 211.

La médecine légale en Chine. — 1882, mai, 212.

Aphonie et obésité. — 1882, mai, 218.

Le venin des serpents. 1882, mai, 254; 1884, novembre, 203.

Les pharmaciens, par Spire Blondel. — 1882, juillet, 71-101.

La fièvre typhoïde et l'hygiène. Nouveaux antiseptiques. 1882, novembre, 231.

La ptomaïne et l'intoxication par les moules et autres mollusques. — 1882, novembre, 239.

La chirurgie allemande et les antivivisectionnistes. — 1882, novembre, 243.

Le venin du crapaud. — 1882, décembre, 185; 1884, juillet, 187.

Le venin de la rage. — 1882, décembre, 185.

Le cuivre antiseptique. — 1883, janvier, 200.

Toujours les microbes. Le mal rouge des porcs. — 1883, janvier, 201.

Principe toxique des champignons. — 1883, janvier, 202.

Un phénomène de mécanique moléculaire. — 1883, janvier, 206.

Les émanations du pétrole; précautions hygiéniques. — 1883, mars, 193.

Propriété excitante de l'avoine. — 1883, mars, 204.

Action physiologique du café. Le caféier de Libéria. — 1883, mai, 199.

Les émanations de la créosote. — 1883, mai, 213.

Entomologie et médecine légale. — 1883, août, 511.

La croisade contre le tabac. — 1883, octobre, 110.

Le champignon de la fièvre jaune. 1883, octobre, 113.

Hygiène publique : le sulfate ferrique. — 1883, octobre, 149.

Désinfection des urines. — 1883, octobre, 153.

Du danger des poteries craquelées. — 1883, octobre, 154.

Les hygiénistes du vieux temps. — 1883, octobre, 155.

Les antivaccinateurs. Le microbe du rouget. La question des virus. — 1883, décembre, 419.

L'acide sulfurique et la médecine légale. Les taches de sang. — 1883, décembre, 422.

L'hygiène des enfants et les préjugés de la mode. — 1883, décembre, 434.

Le microbe des eaux contaminées par le voisinage des fosses. — 1884, avril, 471.

Le cuivre et les maladies épidémiques. — 1884, avril, 472.

Les remèdes contre la rage et les mangeurs d'ail. — 1884, avril, 474.

Les études sur le virus rabique. La rage chez les oiseaux. — 1884, juin, 471.

Le cuivre dans la confiture et dans le vin. — 1884, juin, 479.

Le lavage de l'estomac. — 1884, juin, 183.

Le chloroforme. — 1884, juillet, 185.

Le congrès international des sciences médicales à Copenhague. — 1884, septembre, 204.

Le choléra et le ministere de l'hygiène publique. — 1884, septembre, 207.

Les femmes médecins en France et en Allemagne. — 1884, septembre, 218.

La lèpre et les hôpitaux de lépreux dans la Grande-Bretagne, par O. S. — 1884, octobre, 485-511.

Les empoisonnements par le laitage. — 1885, février, 494.

Micrococcus de la pneumonie. — 1885, février, 495.

Microbes et virus. — 1885, février, 497.

La locomotion humaine : applications pratiques. — 1885, février, 503.

L'agitation antivivisectionniste. La vivisection en Allemagne. — 1885, avril, 462.

Un poison des canards. — 1885, juillet, 189.

Tuberculose et diphtérie des gallinacés. — 1885, juillet, 190.

Dangers de l'abus de la morphine. — 1885, juillet, 191.

La lèpre en Norvège. — 1885, septembre, 153.

Alcoolisme et névropathie. — 1885, septembre, 159.

La morve chez les grands félins. — 1885, septembre, 162.

Contagion de la tuberculose. — 1885, septembre, 163.

La désinfection des wagons à bestiaux. — 1885, septembre, 163.

La vivisection chez les Anglais. — 1885, septembre, 173.

La saignée au dernier siècle. — 1886, janvier, 152.

Degré de digestibilité des aliments. — 1886, janvier, 153.

L'achromatopsie en Angleterre. — 1886, mars, 201.

Le poison des moules. — 1886, mars, 206.

Le poison de l'urine. — 1886, juin, 444.

Le tartre salivaire et les microbes. — 1886, juin, 445.

De l'influence des forêts sur le climat. — 1886, juin, 457.

Statistique de la cécité en Europe. — 1886, juin, 458.

Étude de la rage. — 1886, juin, 463.

De la production et du mécanisme des rêves, par O. S. — 1886, novembre, 119-45.

Un antidote au venin du crotale. — 1886, novembre, 183.

Les greffes osseuses. — 1886, décembre, 471 ; 1891, décembre, 414.

La dentition humaine. — 1886, décembre, 473.

Le mal de gueule des serpents. — 1886, décembre, 473.

Les maladies du cuir chevelu. — 1886, décembre, 474.

La médecine et les perruquiers. — 1886, décembre, 474.

La phtisie pulmonaire et ses panacées. — 1887, avril, 466.

Effets de la transpiration dans la tête des animaux décapités. — 1887, avril, 467.

La greffe animale. — 1887, avril, 467.

Hygiène et malaria. — 1887, juin, 518.

Effet du pétrole sur l'organisme. Un remède aux brûlures. — 1887, juin, 524.

La morphinomanie chez les animaux. — 1887, juin, 525.

Les germes de la tuberculose et les dangers de la contagion. — 1887, août, 430.

La peste, ses invasions et ses formes diverses en Orient. — 1887, octobre, 431.

L'épuration et le filtrage des eaux. — 1887, octobre, 438.

La rage tanacétique. — 1887, octobre, 444.

Rage artificielle. — 1887, octobre, 445.

Un vaccin de la rage. — 1888, janvier, 118.

Les livres et la transmission des maladies infectieuses. — 1888, janvier, 150.

Le congrès d'hygiène de Varsovie. — 1888, février, 442.

Les déformations professionnelles. — 1888, avril, 425.

Le bothriocéphale et les dangers de la cohabitation du chien et de l'homme. — 1888, avril, 427.

Le parasite du vaccin. — 1888, avril, 428.

Le choléra des canards. — 1888, juillet, 121.

La dilatation de l'estomac au point de vue chirurgical. — 1888, juillet, 122.

La vaccination préventive du choléra asiatique. — 1888, septembre, 169.

Épizootie sur les moutons. Venin de la salamandre. — 1888, novembre, 155.

Les lépreux de la colonie du Cap, par O. S. — 1889, novembre, 71-84.

Les maladies de l'enfance. La tuberculose, par le Dr Blache. — 1890, janvier, 163-72.

Hygiène capillaire et contagion. — 1890, janvier, 176.

L'air que nous respirons. — 1890, janvier, 177.

Hygiène des eaux de l'Avre à Paris et le filtrage des eaux du Rhône à Lyon, par Octave Sachot. — 1890, mars, 141-151.

Les jeûneurs et les jeûneuses. — 1890, juillet, 134.

Le laboratoire Arago à Banyuls. — 1890, juillet, 129.

La constatation de la présence des cysticerques du tænia dans la viande de bœuf et dans la viande de veau. — 1890, septembre, 160.

La guerre aux bacilles. Le parasite du hanneton. — 1891, janvier, 152.
Les parasites du cristallin. — 1891, août, 361.
Action de la morphine et de l'acide phénique sur les chats. — 1891, août, 367.
Le seigle enivrant. — 1891, août, 395.
L'alcali et le venin de la vipère. — 1891, octobre, 407.
Résistance du venin rabique à l'action du froid. — 1891, octobre, 407.
Chèvre et tuberculose. — 1891, octobre, 408.
Traitement du hoquet. — 1892, février, 398.
La tuberculose des vers de terre. — 1892, mai, 153.
La transmissibilité du cancer. — 1892, mai, 154.
Extrême vitalité des germes organiques microscopiques. — 1892, mai, 155.
Empoisonnement des cours d'eau. — 1892, mai, 155.
Un bouge de fumeurs d'opium à Londres, par O. S. — 1892, juillet, 109-18.
L'accélération de la mortalité en France. — 1892, juillet, 152.
Toxicité des pulpes de betteraves utilisées. Remède à la maladie de la pulpe. — 1893, février, 416.
L'air et l'oxygène liquides. — 1893, février, 420.
Etudes physiques et physiologiques de la fumée de l'opium. — 1893, avril, 382.
Résistance des chèvres aux effets de la morphine. — 1893, avril, 384.
La médecine populaire dans la Ruthénie méridionale. — 1893, novembre, 161.
Le daltonisme chez les races sauvages. — 1893, novembre, 166.
Stimulants et narcotiques. L'usage et l'abus, par O. S. — 1894, février, 307-32.
Le bacille pathogène pour la destruction des petits rongeurs et les invasions des campagnols. — 1894, février, 440.
Action chimique de l'abrastol sur le vin. — 1894, avril, 451.
La chaussure du fantassin. Les germes bactériques des wagons de chemins de fer. — 1894, juillet, 119.
La peste des eaux douces. — 1894, juillet, 125.
Le vaccin du venin de serpent en thérapeutique. — 1894, juillet, 128.
Des causes physiques du diabète chez les animaux. — 1894, août, 321.
La peste et son microbe. — 1894, septembre, 163.
Alcoolisme et tuberculose. — 1894, novembre, 169.
Action microbicide du formol. — 1894, novembre, 171.
Nouveau mode de traitement de l'asphyxie. — 1895, janvier, 143.
Sérothérapie : le sérum du cancer ; le sérum du tétanos. — 1895, octobre, 367.
Les antidotes au venin des serpents. — 1896, juillet, 144.
L'alcoolisme dans la Grande-Bretagne. — 1896, juillet, 149.
Le mortier des pharmaciens. — 1896, septembre, 150.
La sérothérapie et la peste. — 1896, septembre, 160.
L'alcoolisme en France. — 1896, septembre, 162.

l'influence du travail intellectuel et ses émotions sur la circulation capillaire. — 1896, novembre, 168.
Le traitement des maladies des femmes. — 1901, mars, 146.

23. Beaux-Arts.

a. ARCHÉOLOGIE. — L'aiguille de Cléopâtre, obélisque d'Alexandrie. —
1880, janvier, 221.
Le monument de Flotte et sa malle. — 1880, janvier, 227.
Les Cabires et la Vénus mutilée, par G. d'Orcet. — 1880, février, 445-78.
Découvertes d'antiquités romaines à Monaco. — 1880, février, 492.
Un cachet d'oculiste gallo-romain. — 1880, février, 493.
L'Ordre de Salomon. — 1880, février, 513.
Les coquilles de Pompéi. — 1880, mars, 195.
Une relique de Christophe Colomb. — 1880, juin, 145.
Le nouveau monument du Thiergarten. — 1880, juillet, 227.
Le musée impérial d'antiquités à Constantinople. — 1880, septembre,
222.
Les villes ruinées de l'Amérique centrale, par Grasset d'Orcet. — 1880,
novembre, 33-62.
Le phare d'Alexandrie et la commission sanitaire. — 1880, novembre,
261.
Une grotte préhistorique. — 1880, décembre, 190.
L'âge de la pierre en Syrie. — 1880, décembre, 491.
Les fouilles de Troie et celles d'Olympie. — 1881, mars, 235.
Les manuscrits syriaques du British Museum. — 1881, avril, 187.
L'observatoire du Caire et l'observatoire d'Alger. — 1881, juin, 510.
Un manuscrit de Galilée. — 1881, juin, 541.
La médaille Milne-Edwards. — 1881, juin, 577.
Les légionnaires de César et les soldats de la Gaule. — 1881, août,
335-67.
Les fouilles d'Utique, par G. d'Orcet. — 1881, octobre, 367-98.
La vie insulaire, par Geo. S. — 1881, novembre, 141-58.
Le nom véritable de Carthage, par G. d'Orcet. — 1881, novembre,
159-70.
Les inventions de Léonard de Vinci. — 1881, novembre, 192.
Les moulins à prières dans l'Inde, en Chine et au Japon, par G. d'Orcet.
— 1882, janvier, 31-62.
Les hommes fossiles du Brésil. — 1882, janvier, 213.
Les chotts algériens. — 1882, mars, 192.
Les vestiges des temps préhistoriques. — 1882, mai, 235.
La formation de l'Angleterre, par G. d'Orcet. — 1882, septembre, 3-40.
Fossiles parisiens. — 1882, octobre, 569.
Chirurgie préhistorique. — 1882, novembre, 247.
Les logements parisiens. — 1882, décembre, 187.
Les insectes fossiles. — 1883, janvier, 188.

Le monument de Darwin. — 1883, janvier, 193.

Découvertes archéologiques. — 1883, janvier, 209.

La statue de Pierre Belon. — 1883, mars, 200.

Fouilles en Egypte. — 1883, mai, 210.

Les erreurs de la science. — 1883, octobre, 442.

Les monuments historiques. La reconstruction de l'Observatoire de
    Paris. — 1884, avril, 468.

Les routes commerciales de la Chine il y a 3000 ans. — 1884, septem-
    bre, 217.

La géographie de l'Odyssée, par G. d'Orcet. — 1884, octobre, 451-83.

Découvertes archéologiques : les souterrains de Samos; Aphrosiabad;
    Achsy. — 1884, novembre, 200.

Un zircon monstre. Un bénitier géant. — 1885, avril, 474.

Les empreintes de pieds, par O. S. — 1885, août, 301-32.

Archéologie brésilienne. — 1885, septembre, 156.

La colline artificielle de Perceval. — 1885, septembre, 156.

Fossiles américains : les dinocératidés. — 1885, novembre, 182.

La villa d'Horace, par G. D. — 1885, décembre, 415-426.

Clamart préhistorique. — 1886, janvier, 147.

La faune et la flore de la Palestine, par O. S. — 1886, juin, 369-402.

Bath au temps jadis, par A. V. — 1886, août, 273-81.

Le rétablissement des titres de noblesse, par Napoléon Ier. — 1886, sep-
    tembre, 186.

Les monuments mégalithiques. — 1886, septembre, 195.

Les grottes de Montgaudier. — 1886, octobre, 434.

L'art antéhistorique. — 1886, octobre, 434.

L'architecture colossale. — 1887, février, 466.

Les grottes de Menton et l'homme quaternaire. — 1887, février, 477.

Le collier des Gaulois. — 1887, février, 480.

La jadéite en Amérique à l'époque précolombienne. — 1887, février,
    481.

Jules César naturaliste. Etudes sur quelques animaux de l'ancienne
    Gaule disparus de la France actuelle, par le baron Dunoyer de Noir-
    mont. — 1887, avril, 347-90.

Archéologie préhistorique. — 1887, juin, 521.

Une station néolithique : Chaville. — 1887, août, 433.

Antiquités égyptiennes. — 1888, juin, 433.

Animaux de l'ancienne Gaule, par le baron Dunoyer de Noirmont. —
    1889, janvier, 73-108.

La flore des nécropoles égyptiennes. — 1889, juillet, 149.

L'antiquité relative de l'emploi des métaux. — 1889, juillet, 150.

Découvertes archéologiques. — 1890, janvier, 178.

Mithridate, par G. d'Orcet. — 1890, septembre, 3-31.

Achèvement projeté de la Bibliothèque nationale. — 1891, décembre,
    416.

Glascow et son exposition d'art. — 1891, décembre, 418.

Le musée d'Alexandrie. — 1891, décembre, 419.

Les fouilles de Zimbalie. — 1891, décembre, 420.

Un dictionnaire kamtchadale. — 1891, décembre, 420.

Fouilles et découvertes archéologiques. — 1892, février, 401.

La basilique dynamitée à Liége, par Guy Mortier. — 1892, mai, 137-40.

M. Renan en Phénicie, par G. d'Orcet. — 1892, novembre, 97-120.

Découvertes archéologiques. — 1893, février, 419.

Inauguration du palais d'hiver au Jardin d'acclimatation, par R. — 1893, mars, 140.

Un monument lithographique. Voyages pittoresques et romantiques dans l'ancienne France, du baron Taylor, par T. Lebeuffe. — 1893, avril, 359-72.

L'épée de Bolivar. — 1893, avril, 375.

Monuments funèbres élevés à des animaux. — 1893, octobre, 340.

Le monument de Calais. — 1893, novembre, 205.

Annibal, par G. d'Orcet. — 1894, mai, 92-125.

Exploration des tumulus de Grimde-lez-Tirlemont. — 1894, juin, 251.

Le musée social de Paris. — 1895, juillet, 167.

Le musée technique de Vienne. — 1895, juillet, 168.

L'arc chez les anciens et les modernes, par O. S. — 1895, octobre, 309-31.

Revue de l'architecture et des travaux publics. — 1896, février, 184; avril, 457; juillet, 184.

Le monument Lavoisier. — 1896, septembre, 147.

Rouen et son exposition. — 1896, septembre, 224.

Liquides contenus dans des vases antiques. — 1897, juin, 271.

Les ruines de l'abbaye de Villers, par Léonie Denuit. — 1899, novembre, 83-95.

Les derniers païens, par G. d'Orcet. — 1900, février, 223-48.

Les arts du décor en Angleterre, par Pascal Fortuny. — 1901, octobre, 267-81.

b. ÉTUDES GÉNÉRALES SUR LES BEAUX-ARTS. — Exposition des beaux-arts en Angleterre. — 1880, janvier, 243.

Publications relatives à l'histoire des beaux-arts. — 1880, février, 500.

Les congrès scientifiques. — 1880, septembre, 180.

Exposition artistique en Allemagne. — 1880, septembre, 248.

Exposition rétrospective au Palais de l'Industrie, par Mortimer d'Ocagne. —1880, octobre, 189-90.

L'exposition du centenaire des États-Unis. — 1880, novembre, 290.

Les aquarellistes anglais, par Harry Quilter. — 1880, décembre, 357-71.

L'exposition permanente de l'art industriel en Allemagne. L'exposition des inventions et de la balnéologie. — 1880, décembre, 514.

Le salon où l'on s'ennuie. — 1881, mai, 247.

Le concours de la Société des sciences de Harlem. — 1881, août, 507.

Les expositions universelles à l'étranger : Chine et Indes. — 1881, septembre, 224.

Le congrès international des électriciens. — 1881, septembre, 225.

La conférence internationale polaire. — 1881, septembre, 225.
Florence, par O. S. — 1881, octobre, 297-340.
L'Union centrale des arts décoratifs. — 1882, avril, 493 ; 1886, mars, 291.
Une pendule artistique, par J. B. — 1882, mai, 201-204.
Le Salon de 1882, l'an II de la liberté. — 1882, mai, 205-33.
Le couronnement de l'Arc de Triomphe et la destruction des Tuileries.
    — 1882, décembre, 467-71.
L'exposition de Turin. — 1884, avril, 470.
Les congrès scientifiques. — 1884, juin, 481.
L'art à Londres, par G. d'Orcet. — 1886, juin, 403-33.
L'art persan, par G. D. — 1886, novembre, 3-28.
Les arts de la peinture au Japon, par O. S. — 1887, mars, 57-80.
Exposition des arts de la femme. — 1892, juillet, 108.
A l'exposition des arts de la femme, par Emile Eude. — 1892, octo-
    bre, 315.
Causeries scientifiques. — 1894, juin, 208.
Congrès horticole de Paris en 1894. — 1894, février, 418.
La prochaine exposition de Bordeaux. — 1894, novembre, 167.
Revue de l'architecture et des travaux publics. — 1894, décembre, 401.
L'Académie des sciences de Cracovie. — 1895, janvier, 146.
La collection Hartmann à l'exposition du travail, par Emile Eude. —
    1895, septembre, 167-74.
Un nouveau stéthoscope. — 1895, octobre, 372.
Nouvelle campagne scientifique de la « Princesse Alice ». Mission du
    commandant Toutée au Niger. — 1897, avril, 267.
Chronique de l'exposition. — 1900, juin, 298 ; 1900, août, 293.
L'art d'après Tolstoï et Ruskin, par J. Teincey. — 1901, avril, 265-82.
Les calendriers historiques et les mythes solaires, par J.-F. Hewitt. —
    1901, avril, 283-94.
Une forteresse anglaise en France au quinzième siècle : Tombelaine,
    par E. Dupont. — 1901, octobre, 261.

e. Biographie des artistes. — Abbondio Sangiorgio, doyen des sculpteurs
    italiens. — 1880, février, 526.
L'exposition de l'œuvre de feu Charles-Frédéric Lessing. — 1880, oc-
    tobre, 447.
Hentschell et Kretchmer, compositeurs allemands.—1880, novembre, 245.
Exposition de graveurs : Bewick. — 1880, novembre, 282.
Exposition de peinture en Angleterre : Luminais, Roybet. — 1880, no-
    vembre, 285.
Exposition de peinture en Allemagne : Keller, Dielmann. — 1881, jan-
    vier, 242.
Dielmann, auteur de « Caïn et Abel ». — 1881, janvier, 242.
Benvenuto Cellini, par O. S. — 1881, mai, 69-112.
Un ami de Van Dyck, par Alfred Michiels. — 1882, janvier, 185-200.
Une actrice anglaise, Fanny Kemble, par A. de Viguerie. — 1882, octo-
    bre, 405-33.

Une actrice polonaise, par A. de Viguerie. — 1883, janvier, 75-106.
Quelques types d'avares, par Geo. S. — 1883, mai, 119-44.
Gottfried Mind, le peintre des chats, par M... — 1884, juin, 427-36.
M. Holman Hunt et son œuvre, par A. V. — 1886, juillet, 199-222.
Le tableau du Titien, par Auguste Dietrich. — 1886, décembre, 373-404.
Hændel et son œuvre, par A. de Viguerie. — 1887, mai, 207-35.
Claudius Popelin et son œuvre, par G. d'Orcet. — 1893, juin, 359-81.
Sir Edward Burne Jones, par Yetta Blaze de Bury. — 1895, février,
    315.
Thomas-Henri Huxley. — 1895, juillet, 161.
Burne Jones, par O. S. — 1899, février, 239-65.
Un peintre animalier : Joseph Wolf, par J. Teincey. — 1899, juin, 267-75.
Les peintres animaliers d'Angleterre, par J. Teincey. — 1899, février,
    217-40.

d. Peinture, gravure, photographie. — Le transport d'un prisonnier sur
    le Nil. Le désert. — 1880, janvier, 207.
Les photographies phosphorescentes, d'après Woodbury. — 1880, fé-
    vrier, 189.
Abbondio Sangiorgio, sculpteur italien. — 1880, février, 326.
Une déesse nue. Un goûter d'enfants. — 1880, mars, 200.
La fuite en Egypte. Le mot d'ordre. — 1880, avril, 189.
Un retour de procession. Milton aveugle. — 1880, septembre, 208.
Caïn et Abel de Diehmann. — 1881, janvier, 242.
Benvenuto Cellini. — 1881, mai, 69.
Exposition de l'œuvre de feu Ch.-Fréd. Lessing. — 1881, octobre, 497.
Les paysagistes de Dusseldorf. — 1881, octobre, 497.
L'exposition de gravures à Londres : œuvres de Bewick. — 1880, no-
    vembre, 282.
Photographie des différentes phases de la locomotion. — 1882, mai, 247.
Quelques types d'avares. — 1883, mai, 119-44.
La photographie en ballon. — 1885, septembre, 158.
La photographie appliquée à l'astronomie. — 1886, mars, 203.
Photographie de la parole. — 1886, mars, 206.
La photographie dans les marines des Etats-Unis. — 1887, octobre, 446.
Les arts de la peinture au Japon. — 1890, mars, 157-80.
Les dessinateurs du romantisme, par A. Jullien. — 1888, janvier, 97-117.
Les mémoires d'un peintre anglais : Frith, par A. de Viguerie. — 1888,
    mai, 79-116 ; juin, 265-312.
Les peintres hollandais contemporains, par Mme Chase. — 1889, avril,
    341-54.
Expériences de photochronographie. — 1891, octobre, 410.
Un portrait de l'empereur d'Orient Léon VI. — 1892, février, 404.
La peinture d'art et la falsification des couleurs. — 1892, juillet, 153.
Les portraits de Christophe Colomb. — 1892, août, 210.
Le prix d'Arles et les peintres à Arles. — 1893, mai, 177.
Topographie et patriotisme, par Emile Eude. — 1893, octobre, 149-54.

La photographie sous-marine. — 1893, novembre, 164.
La chromophotographie. La photographie obtenue de nuit. — 1893, novembre, 165.
Application de la photographie à la topographie. — 1895, janvier, 147.
Les procédés dans les arts, par Raymond Balze. — 1895, mai, 155-81.
Quelques tendances de la peinture anglaise. — 1897, octobre, 243-50.

e. Musique. — Les tableaux vivants en musique. — 1880, janvier, 206.
Rienzi. Lohengrin. Pinafore. — 1880, janvier, 243.
Wieland le forgeron. La religieuse ou les carabiniers. Dona Juanita. — 1880, mars, 203.
Le Messie. Israël en Egypte. L'Elysée. — 1880, avril, 491.
Représentation des drames mystiques à Oberammergau.—1880, mai, 222.
Histoire anecdotique du piano, par Spire Blondel. — 1880, octobre, 353-98.
Les Machabées de Rubinstein. — 1880, octobre, 503.
Les compositeurs Krestchmer et Hentschell. — 1880, novembre, 245.
Histoire anecdotique de l'orgue, par Spire Blondel. — 1881, mars, 85-123.
Notes de musique. — 1889, novembre, 128-138.
Richard Wagner et l'orchestre de l'opéra de Vienne, par le comte d'Osmond. — 1891, novembre, 169-80.
Les chanteurs célèbres de l'Arabie au troisième siècle de l'hégire, par S. Blondel. — 1892, janvier, 35-66.
Encore Wagner, par le comte J. Boselli. — 1892, janvier, 129-150.
Musique, par A. P. — 1893, février, 372.
Echos de la dernière saison musicale. — 1894, septembre, 208.
Chronique musicale. — 1894, décembre, 430.
Opéra. Opéra-Comique. Concerts. — 1895, janvier, 184.
Opéra. Mme Holmès. — 1895, février, 420; mars, 223; avril, 444.
Wagner. Opéra. Tannhauser. Le Reingold. — 1895, mai et juin, 467.
Application de la méthode graphique à la musique. — 1895, juillet, 174.
Mme Carvalho. — 1895, août, 427.
Musique en langue étrangère. — 1895, septembre, 218.
La Navarraise de M. Massenet, par Reyer. — 1895, octobre, 436.
Proserpine. Bouichere. Reyer. — 1895, novembre, 192.
Danses anciennes, par Charpentier. Le Reingold. — 1895, décembre, 431.
La Jacquerie. Frédégonde. — 1896, janvier, 227.
Berlioz et la Damnation de Faust. Rossini et le Barbier de Séville. — 1896, février, 473.
Le Crépuscule des dieux. Ambroise Thomas. — 1896, mars, 209.
Le Chevalier d'Harmental, de Messager. — 1896, mai, 206.
Hamlet. Le Pardon de Ploërmel. — 1896, juin, 451.
La Femme de Claude. Le Maître de Chapelle. — 1896, juillet, 191.
La tétralogie à Bayreuth. Le Conservatoire. — 1896, août, 391.
Soirée de gala offerte au tzar. — 1896, septembre, 207-13.
Don Juan à l'Opéra. — 1896, novembre, 230.
Le concours de la ville. — 1896, décembre, 511.

Gounod. César Franck. Les Maîtres chanteurs à Lyon. — 1897, janvier, 216.

Kermaria à l'Opéra-Comique. A. Mottl aux concerts Colonne. — 1897, février, 415.

Messidor à l'Opéra. Fervaal au théâtre de la Monnaie, à Bruxelles.— 1897, mars, 150.

La Dame blanche et le Vaisseau fantôme. — 1897, avril, 301.

Opéra-Comique. Une première à l'hôtel Continental. — 1897, mai, 152.

Les Huguenots à l'Opéra. L'Étoile. — 1897, juin, 307.

Le centenaire de Donizetti. — 1897, juillet, 150.

Le chant des étudiants russes. — 1897, août, 282.

Mlle Akté à l'Opéra. — 1897, novembre, 144.

Sapho. Reprise de Roméo. — 1897, décembre, 299.

M. Carvalho. — 1898, janvier, 151.

Les Huguenots. — 1898, février, 279.

L'île du rêve de M. Hahn. Les auteurs modernes et M. Riondel.— 1898, avril, 270.

Le Prophète. — 1898, mai, 148.

La Cloche du Rhin. La Vie de bohème. — 1898, juin, 301.

Lucie de Lammermoor aux Variétés. Engel. — 1898, juillet, 136.

Lovelace. Médée. — 1898, novembre, 144.

Le théâtre lyrique. Le Conservatoire. — 1898, décembre, 304.

Chroniques musicales, par le comte J. Boselli. 1898 : La Burgonde, janvier, 146, février, 308; Guillaume Tell. L'abbé Perodi, mars, 147; Obéron, avril, 304; Briséis. Martha, mai, 137; Cendrillon. Le duc de Ferrare, juin, 300; Mlle Bréval. Un musicien socialiste, octobre, 295; Lucie. Javotte. Tristan et Iseult, novembre, 135; l'Iphigénie en Tauride. La prise de Troie, décembre, 330.

Patrie. Le Juif polonais. M. Maurel, par G. D. — 1900, mai, 150.

Hœsel et Grétel. Mme Hanka Scujelderup. — 1900, juin, 289.

Iphigénie à l'Opéra-Comique. — 1900, juillet, 148; novembre, 145.

L'opéra populaire. — 1900, décembre, 318.

Verdi. — 1901, janvier, 152; février, 306.

Astarté. La Fille de Tabarin. — 1901, mars, 144.

Le Roi de Paris. L'Ouragan. — 1901, mai, 140.

Les Barbares. — 1901, novembre, 142.

f. ARCHITECTURE, SCULPTURE, CÉRAMIQUE. — Cercle viennois. Démonstration comparée de la statuaire antique. Des habitations.— 1880, janvier, 203.

Abbondio Sangiorgio, doyen des sculpteurs italiens. — 1880, février, 526.

Une révolution dans l'architecture, par G. d'Orcet. — 1889, mars, 95-106.

Nouvelle fontaine lumineuse. — 1891, décembre, 417.

Un bas-relief de la Cène de Léonard de Vinci. — 1892, février, 401.

Revue de l'architecture et des travaux publics. — 1895, février, 403;
avril, 433; juin, 436; août, 415.

L'affichage sur les clôtures. L'exposition d'hygiène. — 1895, octobre, 425;
décembre, 411.

Le palais des Archives, par Hippolyte Buffenoir. — 1896, janvier, 59-85.

Chantilly, par H. Buffenoir. — 1896, août 299-332.

Revue de l'architecture et des travaux publics. — 1897, janvier, 226;
avril, 306; juin, 308; août, 305.

V

LITTÉRATURE

1. Bibliographie, littérature en général. — 2. France. — 3. Angleterre. — 4. Allemagne, Autriche, Hongrie. — 5. Belgique, Norvège, Danemark, Islande. — 6. Italie. — 7. Grèce. — 8. Espagne, Portugal, Suisse. — 9. Russie, pays slaves. — 10. Turquie, Asie. — 11. Afrique. — 12. Amérique. — 13. Océanie.

1. Bibliographie. — Littérature en général.

Le Rhin français, par Camille Farcy. — 1880, janvier, 247.
Une erreur de biographie. — 1880, juin, 157.
Livres et lecteurs. — 1881, février, 332.
Une lettre d'Ampère. — 1881, avril, 498.
Sujets de concours de l'Académie des sciences. — 1881, juin, 545.
Livres dépareillés. — 1881, juillet, 228.
Les portraits historiques. — 1881, août, 508.
F. Le Play et l'école de la paix sociale. — 1882, avril, 457-92.
Sainte-Beuve après la lettre, par H. Bonhomme. — 1882, mai, 65-89.
Le livre de fortune et son illustrateur Jean Cousin.— 1883, janvier, 207.
Tout à recommencer : la revision s'impose. — 1883, février, 186.
Un bibliophile espagnol. — 1883, mars, 195.
Doctrines évolutionnistes : nos ancêtres. — 1883, mars, 203.
La persécution des Juifs, par O. S. — 1883, juillet, 5-35.
Les deux mariages d'une Indienne, par A. de Viguerie. — 1883, août, 309-29.
Le « Clair de lune » de Rivarol, par H. Bonhomme. — 1883, septembre, 145-72.
Le culte des morts chez les races latines, par Gustave Cam. — 1883, novembre, 23-42.
Les perroquets en captivité, par R. N. — 1884, mai, 111-46.
Casteljaloux. Une petite ville du Midi aux seizième et dix-septième siècles, par le comte E. de Barthélemy. — 1884, décembre, 321.
Les idiomes de la Caucasie russe. — 1885, février, 504.
Un Plantagenet au Soudan. — 1885, mars, 79-113.
M. J. Ferry et ses amis, par A. de Viguerie. — 1885, avril, 313-32.
Manuscrits arabes du British Museum. — 1885, avril, 467.
Au retour d'un voyage : Calais, par X. Marmier. — 1885, juin, 297-323.
M. de Freycinet et le général Bourbaki. — 1885, juillet, 236.

Les calendriers et les vieux almanachs. — 1886, décembre, 423-36.

Un imprimeur du seizième siècle, par G. d'Orcet. — 1887, août, 293-319.

La légende napoléonienne à l'étranger, par Fernand Giraudeau. — 1894,
avril, 371-404.

Un poète perdu : Alice de Chambrier, par M. Cassabois. — 1894, août,
313-17.

Les représentants du peuple en mission près les armées, 1791-97, par
P. de Letz. — 1898, janvier, 99-112.

Un Français en Égypte : François Jomard, par le comte J. Boselli. —
1898, janvier, 113-22.

Une fille de J.-J. Rousseau, par Hippolyte Buffenoir. — 1898, février,
171-200.

Un écrivain cynégétique : le marquis de Foudras, par Laforêt. — 1898,
février, 201-36.

Les peuples en voyage, par Aug. Dietrich. — 1898, mars, 101-10.

Prométhée, par Max Beerbohm. — 1898, avril, 145-50.

Un parvenu à la cour de Henri VIII, par E. Rodocanachi. — 1898, avril,
151-72.

Un traité de fauconnerie, par Astur. — 1898, avril, 233-42.

La guerre possible. — 1898, avril, 243-54.

L'impérialisme romain. — 1898, août, 153-75.

Les clubs et les sociétés des dîneurs de Londres, par O. S. — 1898, novembre, 105-27.

Les femmes médecins à travers les âges, par Albert Savine. — 1901,
octobre, 191-222.

Livres nouveaux. — 1880. — Janvier, 247; février, 542; mars, 245; avril,
196 ; mai, 267 ; juillet, 277; août, 567 ; septembre, 252; octobre, 350 ;
novembre, 299; décembre, 557.

1881. — Janvier, 305; février, 598; mars, 218; avril, 555; mai, 322 ; juin,
613; juillet, 301; août, 568; septembre, 290; octobre, 590; novembre,
264; décembre, 529.

1882. — Janvier, 278 ; février, 554 ; mars, 263; avril, 558; mai, 315; juin,
601 ; juillet, 272; août, 539; septembre, 255; octobre, 624; novembre,
304; décembre, 541.

1883. — Janvier, 251; février, 486; mars, 246; avril, 546; mai, 293 ; juin,
578; juillet, 252; août, 620; septembre, 231; octobre, 521 ; novembre,
213; décembre, 491.

1884. — Janvier, 262; février, 624; mars, 247; avril, 537; mai, 259; juin,
538 ; juillet, 224; août, 513 ; septembre, 271 ; octobre, 578 ; novembre,
258; décembre, 585.

1885. — Janvier, 317; février, 563; mars, 287; avril, 522; mai, 274 ; juin,
537; juillet, 234; août, 514; septembre, 211 ; octobre, 484 ; novembre,
257; décembre, 518.

1886. — Janvier, 222; février, 468 ; mars, 262; avril, 536; mai, 230 ; juin,
508; juillet, 250; août, 486; septembre, 249; octobre, 487; novembre,
232; décembre, 552.

1887. — Janvier, 282; février, 572; mars, 269; avril, 546; mai, 308; juin,
602; juillet, 279; août, 503; septembre, 241; octobre, 525; novembre,
263; décembre, 527.

1888. — Janvier, 228; février, 507; mars, 275; avril, 485; mai, 247; juin,
492; juillet, 163; août, 394; septembre, 245; octobre, 427; novembre,
223; décembre, 184.

1889. — Janvier, 240; février, 152; mars, 244; avril, 484; mai, 225; juin,
504; juillet, 206; août, 454; septembre, 244; octobre, 456; novembre,
178; décembre, 429.

1890. — Janvier, 209; février, 426; mars, 206; avril, 448; mai, 497; juin,
438; juillet, 193; août, 407; septembre, 244; octobre, 444; novembre,
222; décembre, 739.

1891. — Janvier, 208; février, 440; mars, 494; avril, 430; mai, 209; juin,
445; juillet, 195; août, 444; octobre, 455; novembre, 244; décembre,
456.

1892. — Janvier, 484; février, 438; mars, 224; avril, 427; juin, 365;
juillet, 496; août, 440; septembre, 242; novembre, 257; décembre, 482.

1893. — Janvier, 204; février, 454; mars, 480; avril, 424; mai, 480; juin,
445; juillet, 246; septembre, 499; novembre, 207; décembre, 445.

1894. — Février, 494; mars, 267; avril, 497; mai, 496; juin, 439; juillet,
165; août, 313; septembre, 498; octobre, 448; novembre, 246; décembre, 445.

1895. — Février, 442; mars, 243; avril, 444; mai, 205; juin, 462; juillet,
355; août, 423; octobre, 430; novembre, 480; décembre, 446.

1896. — Janvier, 225; février, 460; mars, 203; avril, 463; mai, 243; juin,
456; juillet, 204; septembre, 224; octobre, 434; novembre, 242; décembre, 522.

1897. — Janvier, 229; février, 420; mars, 459; avril, 496; mai, 64, 86 et
456; juin, 312; juillet, 453; août, 311; octobre, 242 et 343; décembre, 506.

1898. — Janvier, 454; février, 284; mars, 52 et 454; avril, 279; mai, 458;
juin, 269; juillet, 442; août, 294; septembre, 460; octobre, 314; novembre, 449; décembre, 341.

1899. — Janvier, 98, 426 et 455; février, 324; mars, 454; avril, 309; mai,
454; juin, 308; juillet, 454; août, 347; septembre, 458; octobre, 305;
novembre, 448; décembre, 344.

1900. — Janvier, 440; février, 296; mars, 440; avril, 296; mai, 458;
juin, 302; juillet, 453; août, 299; octobre, 314; novembre, 443, 438 et
453; décembre, 320.

1901. — Janvier, 458; février, 343; mars, 457, avril, 344; mai, 448; juin,
298; juillet, 426; août, 307; septembre, 422, 457; octobre, 248; novembre, 447; décembre, 334.

2. — Littérature de la France.

*Biographie; écrits sur la langue française; romans et nouvelles; poésies françaises;
poésies diverses; théâtre.*

BIOGRAPHIE. — Abrantès (la duchesse d'). — 1883, juillet, 37-58.

Boismond (l'abbé de). — 1880, juillet, 35-56.

Bonnier (Marie-Josèphe), duchesse de Chaulnes. — 1882, août, 415-30.

Bugeaud (le maréchal). — 1884, janvier, 5-44.

Cherbonneau. — 1883, janvier, 208.

Coigny (la marquise de). — 1883, juin, 435-54.

Doublet (Jean), le corsaire de Honfleur. — 1888, juin, 363-88.

Davoust (le maréchal). — 1886, novembre, 95-118.

Duguay-Trouin. — 1882, octobre, 269-310.

Eliot (George). — 1881, septembre, 109-48.

Falloux (le comte de). — 1887, janvier, 187-208.

Fénelon. — 1885, novembre, 53-84.

Geoffrin (Mme) et sa fille, la reine de l'ordre des Lenturelus. — 1881, octobre, 457-87.

Galiani (l'abbé). — 1881, janvier, 159-83.

Henri IV, roi de France. — 1880, février, 259-306.

Linguet, d'après de nouveaux documents. — 1881, août, 431-59.

Laplace et ses biographes. — 1883, décembre, 432.

Lowicz (la princesse de). — 1888, mars, 47-67.

Mallet du Pan. — 1886, octobre, 375-88.

Maury (le cardinal). — 1888, août, 267-82.

Morris (Gouverneur), son journal, ses lettres. — 1889, décembre, 389-
418.

Necker (Mme), ses salons. — 1886, février, 337-67.

Orcet (Grasset d'), notice nécrologique, par la direction. — 1901, janvier, 139-43.

Osmond (comte d'), ses Reliques et Impressions. — 1889, février, 311-41.

Pardo Bazan (Mme) à Paris, par Jean Teincey. — 1899, mai, 145-50.

Pichot (Amédée). — 1887, mai, 5-19. — Inauguration, à Arles, d'un monument à sa mémoire. Fêtes et discours en cette solennité. — 1887,
mai, 20-59.

Rémusat (Mme de), ses mémoires, par son petit-fils. — 1880, janvier, 248.

Senoncourt, d'après des documents inédits. — 1882, novembre, 209-30.

Vauban. — 1883, janvier, 5-39.

ÉCRITS SUR LA LANGUE FRANÇAISE. — La bibliothèque de l'Arsenal. — 1880,
novembre, 226.

La conquête jacobine, de M. Taine. — 1882, avril, 399-428.

Sainte-Beuve après la lettre, par Honoré Bonhomme. — 1882, mai, 65-89.

L'influence littéraire du télégraphe électrique, par A. Rondelet. — 1882,
mai, 367-85.

La littérature française, par un Prussien, par Auguste Dietrich. — 1883, février, 343-54.

Le fonds français de la bibliothèque de lord Ashburnham. — 1883, mars, 196.

Les bibliothèques municipales de Paris. La bibliothèque administrative de la Seine. — 1883, mars, 197.

Nos bibliothèques. — 1883, décembre, 433.

Les voyageurs français, par Xavier Marmier. — 1885, mars, 35-78.

Promenade bibliographique aux enfers. — 1885, mars, 274.

La ligue des neutres, par G. d'Orcet. — 1885, juin, 405-433.

Fêtes nationales. — 1885, juillet, 184.

Vade mecum des électeurs. — Impressions de voyage d'un bibliographe. — 1885, juillet, 236.

Un tribunal de village, par C. C. — 1885, décembre, 315-68.

Revue rétrospective. — 1886, mai, 40, 138, 166.

Les noëls populaires, par Constant Pierre. — 1886, décembre, 405-22.

Auteurs et livres, par Maurice Reynold. — 1886, novembre, 163-77.

La bibliothèque ethnologique : Introduction à l'étude des races humaines. — 1886, décembre, 459.

Le quatrième centenaire de la typographie rouennaise. — 1887, avril, 472.

Acquisitions nouvelles de manuscrits par le musée Carnavalet. — 1887, avril, 473.

Le portefeuille d'un mélomane, par N. — 1887, juillet, 5-58.

Le mouvement littéraire dans les pays slaves, par C. Courrière. — 1887, octobre, 375.

Paris sous la Révolution française, par un écrivain anglais. — 1887, novembre, 155-76.

Le vrai François Ier, par le comte E. de Barthélemy. — 1887, août, 387-94.

Un poète perdu : Alice de Chambrier, par Mme Cassabois. — 1894, août, 313-17.

Les Shéridan, par O. S. — 1895, février, 343-52.

Les Goncourt devant la critique anglaise. — 1895, janvier, 119-25.

Un conteur d'autrefois, par le comte Remacle. — 1895, juin, 229-76.

Une aventurière du grand monde, par C. Courrière. — 1896, mars, 91-119.

De la composition dans le roman, par Max Deleyne. — 1896, septembre, 113-44.

Les chats dans une bibliothèque, par R. N. — 1896, octobre, 315-19.

Les poésies de Mme d'Houdetot, par Hippolyte Buffenoir. — 1896, novembre, 121-27.

Un veneur du dix-huitième siècle, le marquis de Bologne, par Laforêt. — 1897, juin, 191-212.

Curiosités littéraires. — Les collaborateurs de Shakspeare, par G. d'Orcet. — 1897, octobre, 215-41.

La maison de l'empereur Napoléon III. — 1897, novembre, 24 et 150.

Victor Hugo et l'évêque Miollis, par J. Reinach. — 1897, août, 261-74.

Une fille de J.-J. Rousseau, par Hippolyte Buffenoir. — 1898, février, 171-200.

Un Français en Égypte, François Jomard, par le comte J. Boselli. — 1900, janvier, 117-21.

La France et l'Angleterre pendant la première moitié du siècle, par Jean Teincey. — 1900, juillet, 53-74.

Alfred de Musset au café de la Régence, par G. d'Orcet. — 1900, septembre, 5-28 ; octobre, 195-222.

Une amie inconnue de J.-J. Rousseau, par Hippolyte Buffenoir. — 1900, septembre, 73-96.

Une famille noble pendant la Révolution : Souvenirs d'un émigré, par Eugène Forgues. — 1901, août, 199-241.

Romans et Nouvelles. — A deux de jeu, par H. Blerzy. — 1896, décembre, 342-53.

Aérostat (l') l'*Éclaireur* à travers Madagascar insurgée, par Léo Dex et M. Debos. — 1894, janvier, 87-150 ; février, 333-75 ; mars, 69-131 ; avril, 319-370 ; mai, 61-92.

Allemand (l'), par G. d'Orcet. — 1892, décembre, 315-32.

Amant fantôme (l'), par Hephell. — 1887, décembre, 271-308.

Ame (l') du mécréant, par lady Wilde. — 1897, décembre, 214-20.

Ame (l') volée, par Achille Fouquier. — 1882, mars, 113-164.

Ame en peine (une), par O. Sachot. — 1894, décembre, 262-87.

Andante Doloroso, par Gipsy. — 1893, février, 373-79.

Andréide (l'), par G. d'Orcet. — 1890, mars, 85-97 ; avril, 305-55.

Ange (l'), par Henri Sienkiewicz. — 1896, décembre, 409.

A qui la tante ? par F. Anstey. — 1884, juin, 413-25.

Argent (l') trouvé, par José Maria da Costa. — 1893, décembre, 295.

Armée (l') du salut, par Anthony Leland. — 1897, décembre, 203-13.

Arrivée (l') du printemps, par Achille Millien. — 1893, février, 440.

Au fond de l'eau, par Laurent de Rillé. — 1899, octobre, 261-65.

Au fond d'un puits, par Laurent de Rillé. — 1899, octobre, 266-73.

Au secours ! par Anna de Castro Osorio. — 1898, décembre, 270-74.

Autobiographie (l') d'un sceptique, par A. de Viguerie. — 1881, novembre, 91-113.

Aventure de Noël du docteur Vétillard, par A. Dietrich. — 1885, décembre, 325-37.

Baiser (un) mortel. — 1888, avril, 349-78 ; mars, 91-120.

Baisers dangereux (les). — 1880, décembre, 503.

Barbe Joanelli, par E. Horn. — 1901, décembre, 208-16.

Barbet (le), par Gnieditch. — 1899, décembre, 216-27.

Bébé fantôme (le), par Octave Sachot. — 1890, décembre, 380-416.

Belle Sabotière (la), par G. d'Orcet. — 1881, décembre, 343-88.

Bibliothèques (les) populaires : la bibliothèque Forney. — 1886, mars, 210.

Bien d'autrui (le). — 1885, janvier, 129-205 ; février, 333-401 ; mars, 113-192.

Billets (les) perdus, par A. Lesley. — 1888, février, 350-62.

Bonne aventure (la), par X. Marmier. — 1885, décembre, 310-24.

Bosco, conte italien. — 1884, décembre, 281.

Bouche inutile (une), par Octave Sachot. — 1900, décembre, 177.

Boule (la) en cristal du boudha de Nara. — 1889, décembre, 281.

Bouquet (le) de roses blanches, par Nérange. — 1890, décembre, 380-88.

Canard bleu (le), par R. N. — 1892, mars, 90.

Carte forcée (la), par A. de Viguerie. — 1880, janvier, 137-62.

Cas (le) de John van Arsdale, par Ernest H. Crosby. — 1889, décembre, 314-30.

Catherine Ségurane, par G. d'Orcet. — 1896, septembre, 89-112.

Cavatine (la) mystérieuse, par A. de Viguerie. — 1881, août, 397-429.

Cent ans après ou l'an 2000, avec une préface par Théodore Reinach. — 1891, janvier, 5-53 ; février, 217-62 ; mars, 29-87 ; avril, 265-325.

Centenaire de Rossini, par X. — 1892, mars, 100.

Charles-Quint et saint François de Borgia, par Alarcon. — Note sur saint François de Borgia et la gravure de Klauber.—1894, décembre, 232-47.

Chasse gallière, par G. d'Orcet. — 1899, décembre, 264-76.

Chèvre (la), par G. d'Orcet. — 1894, décembre, 288-300.

Chez les puissants, par Gilbert Parker. — 1901, juin, 153.

Chiberli (la), étude d'après nature, par G. d'Orcet. — 1881, janvier, 101-48.

Choix d'un mari, par Mrs. Alexander. — 1897, janvier, 5-44 ; février, 269-312 ; mars, 101-49 ; avril, 245-65 ; mai, 65-85 ; juin, 213-94 ; juillet, 59-90 ; août, 215-36 ; septembre, 35-66 ; octobre, 189-214.

Cigare (le), conte de fée moderne, de L. de Rillé. — 1900, février, 267-76.

Comment mourut Nita, par Mme Cassabois. — 1892, décembre, 333-29.

Comment je me suis débarrassé de ma belle-mère, par A. V. — 1885, mai, 181-94.

Comtesse (la) Schylock, scènes de la vie moderne, par Hiram-Hull (Grasset d'Orcet). — 1882, juillet, 31-70 ; août, 325-58 ; septembre, 69-101 ; octobre, 311-43 ; novembre, 51-98.

Comtesse (la) Déjanire, scènes de la vie moderne, par Grasset d'Orcet. — 1891, septembre, 35-98 ; octobre, 295-344 ; novembre, 45-109 ; décembre, 229-60.

Conquête d'une belle-mère (la), par l'auteur de *Molly Bawn*. — 1884, juin, 281-317 ; juillet, 5-64 ; août, 311-65 ; septembre, 41-94.

Conte de Noël (un) automobile, par le baron Rogniat. — 1896, décembre, 277.

Crime (le) d'Aliocha, par A. V. Sterne. — 1898, décembre, 165-96.

Crocodile (le), par G. d'Orcet. — 1895, décembre, 208.

Croix (la) de verre, par G. d'Orcet. — 1887, septembre, 5-46 ; octobre, 285-330 ; novembre, 5-66.

Croix (la) de l'Enfant Jésus, d'Amédée Pichot (musique sur). — 1898, décembre, 161-64.

Croix (la) du Panthéon, par P.-A. Pichot. — 1888, décembre, 211-42.

Crèche (la) incendiée, par José Maria da Costa. — 1893, décembre, 334.

Crèche vivante (la), par le comte Remacle. — 1897, décembre, 161-76.

Cygne (le) de Vilamorta, par E. Pardo-Bazan. — 1894, juin. 255; juillet, 73-94; août, 253-92; septembre, 73-136; octobre, 303-34.

Cyrille, par Léonie Denuit. — 1891, décembre, 322-45.

Dansant (Monsieur), médecin aéropathe, par José Fernandez Brémon. — 1898, mars, 23-54.

Délire (le), par Richard Harting Davis. — 1899, décembre. 173-89.

Delphine (Mme). par Georges W. Cable. — 1883, octobre, 317-67.

Dernières grimaces et premières amours. — 1889, décembre, 241-49.

Dernier rayon, par Thérèse Maquet. — 1892, octobre, 356.

Dernière soirée (la) de Brummell, par Georges Maurevert. — 1900, décembre, 289-306.

Deux soldats (les) mendiants, par Ch. Beauquier. — 1897, décembre, 246-53.

Deux timides (les), par M. E. Wilkins. — 1898. décembre, 238-49.

Deux nuits de Noël, par Némirowitch Dantchenko. — 1897, décembre, 177-89.

Deux contes d'Antony Trollope, par A. de Viguerie. — 1884, août, 393-423.

Deux robes (les) de Mme de Malbrough, par R. de Najac. — 1895, décembre, 268.

Diable (le), par C. Courrière. — 1901, décembre, 295-310.

Dictionnaire (le vieux), par G. d'Orcet. — 1893, décembre, 319.

Dinky, conte des Etats-Unis. — 1884, décembre, 281.

Divorce (un) de Noël, par Ludwig Hevesi. — 1896, décembre, 459.

Dona Maria la Brava, par Achille Fouquier. — 1884. mars, 149-68.

Double vue (la), par H. de Reul. — 1887, décembre, 309-27.

Droit au bonheur (le), par A. Dietrich. — 1901, janvier, 113-33.

Eblouissement, par Maquet. — 1892, octobre, 340.

Eclat (l') de rire. — 1884, décembre, 281.

Ecureuil (l'), par G. d'Orcet. — 1894, décembre, 315-27.

Elle aimait trop les fleurs, par lady Lindsay. — 1889, décembre, 368-76.

Elsket, par Thomas Nelson Page. — 1896, août, 267-98.

Enfant à la boule (l'), par Alarcon. — 1888, mars, 5-45; avril, 265-304; mai, 117-57; juin, 389-427; juillet, 81-110; août, 321-40; septembre, 143-68.

Enfant de la Commune (l'), mœurs slaves, par la baronne Ebner-Eschenbach, trad. par A. Dietrich. — 1891, mai, 87-120; juin, 229-99; juillet, 47-98; août, 285-340.

Epoux (l') de la Djinn, par G. d'Orcet. — 1883, août, 427-59.

Erebinthe, conte de Chypre. — 1884, décembre, 317.

Ermite (l'). — 1885, décembre, 338-44.

Ermite (l') et le blaireau, conte japonais. — 1884, décembre, 281.

Estelle, par G. d'Orcet. — 1898, février, 161-70.

Eventreur (l'), par Norbert Lallié. — 1893, février, 311-38.

Fantôme (le) transféré, par Stockton. — 1888, décembre, 243-55.

Farce (la) d'Henia, par Marja Rodziewicz. — 1891, décembre, 261-308.

Faust, conte, par Raoul de Najac. — 1900, décembre, 279-88.

Fauvette. Chiffon et le Conseiller, par May Laffan. — 1883, juin, 481-99.

Fête (la) de Noël sous la République. — 1889, décembre, 230-38.

Feuilles (les) sèches, par A. F. — 1881, mars, 149-53.

Feu (le) du ciel du curé de Galignan, par Fernand Beissier. — 1893, décembre, 341.

Fiancée (la), par Léonie Dennit. — 1899, février, 277-84.

Fièvre (la), par Henri Sienkievicz. — 1893, décembre, 346.

Fille à marier, par Salvatore Farina. — 1885, avril, 333-80; mai, 33-81; juin, 325; juillet, 24-83.

Fille de couleur (la), par E. F. — 1895, novembre, 115-36.

Fille (la) de l'argentier. — 1895, décembre, 229.

Fleur (la) des neiges, par Léonie Dennit. — 1894, décembre, 344-51.

Fou (le) de la cour, par H. Faure. — 1895, janvier, 15-66; février, 229-80; mars, 55-96; avril, 285-316.

Frère (le) avare, par X. Marmier. — 1885, avril, 394-98.

Fuite (En), par Ludwig Hevesi. — 1897, décembre, 190-202.

Gadanié (la), conte russe. — 1884, décembre, 415.

Gardien (le) de taureaux, par le comte Remacle. — 1888, décembre, 308-17.

Gentilhomme (le) charbonnier, par G. d'Orcet. — 1899, décembre, 190-206.

Grenade (la), par G. d'Orcet. — 1894, décembre, 309-31.

Gros mariage (un), par A. Dietrich. — 1900, décembre, 190-206.

Guesha (la), par E. F. — 1900, décembre, 198-208.

Habit (l') ne fait pas le moine. — 1887, décembre, 407-25.

Hameau (le) des Chocats, par A. Laisnel de la Salle. — 1886, avril, 341-83; mai, 93-137.

Héritière (l') de Glenmahowley. — 1884, avril, 377-93.

Histoire de Tord le Terrible, par Jules Leclercq. — 1888, décembre, 381-413.

Histoire (l') d'un mariage, par Mathilde G. — 1884, mars, 69-94.

Historiens de la Révolution française, par L. de Lez. — 1889, août, 333-43.

Homme (l') à l'œil de verre. — 1884, décembre, 281.

Homme (l') qui a vendu son ombre, par P. Schlémihl. — 1888, janvier, 89-96.

Hôte (un) étrange, par C. Courrière. — 1896, décembre, 388.

Idéal, par Thérèse Maquet. — 1892, septembre, 162.

Il y a cent ans, par P. Bonnaud. — 1899, mars, 103-23; avril, 271-83.

Impôt (l'), par Jean Teincey. — 1899, décembre, 277-81.

Incompris (l'), par A. V. — 1887, février, 135-46.

Inséparables, par Katharine Bates. — 1897, décembre, 277-81.

Institutrice (l') de village, par C. Courrière. — 1887, décembre, 394-406

Jarjaye au Paradis. — 1886, décembre, 288-92.

Jaspe (le) sanguin, par A. de Viguerie. — 1890, décembre, 271-93.

Jean le soldat, par X. Marmier. — 1885, décembre, 303-309.

Jeune fille (la) aux rossignols, de Garrett, trad. par H. Faure. — 1896,
    octobre, 261-313; novembre, 55-100.
Jouets (les) de Paris. — 1889, décembre, 333-40.
Kulo, par J. Teincey. — 1899, février, 269-75.
Kloof (le) de Jean Prinsloo, par H. A. Brydon. — 1899, décembre,
    238-63.
Là où un homme peut dîner, deux peuvent dîner, conte espagnol, par
    X. Marmier. — 1886, juillet, 197-98.
Lapin (le) et le chat sauvage, conte américain. — 1884, décembre,
    383-90.
Légende (la) très authentique de l'eau, du feu, du vent et de l'honneur,
    par Fernand Beissier. — 1892, décembre, 415-416.
Légende (la) de l'âne, par L. de Rillé. — 1900, avril, 258-61.
Lettres d'artistes, par C. — 1892, mai, 81-93.
Lilas (les) blancs, par G. D. — 1887, août, 395-412.
Loups (les) qui passent dans la forêt russe, par V. Oupensky. — 1899,
    décembre, 207-15.
Lutte (la) des forts, de Gilbert Parker, par Jean Teincey. — 1901, mars,
    73-112.
Lydie, roman russe. — 1889, août, 345-95; septembre, 85-116; octobre,
    359-87.
Madone (la), par D. Ciampoli. — 1894, décembre, 328-34.
Ma fiancée, par Juliette Déry. — 1890, septembre, 111-144; octobre,
    331-62.
Maison (la) Durand, par Norbert Lallié. — 1896, décembre, 418.
Maître (le) et le valet, par C. Courrière. — 1895, avril, 331-84.
Maître Perrez l'organiste, par G. Becquer. — 1892, décembre, 361-76.
Mangé par les lions. — 1881, décembre, 389-93.
Marbrier (le) du cimetière, par Gilbert Parker. — 1900, décembre, 161-72.
Mari (le) de roseau, par Mᵐᵉ Cassabois. — 1893, décembre, 261.
Mariage (le) aux chiffons, par Miss Wilkins. — 1889, décembre, 288-304.
Mariage (le) aux serpents, par Gilles. — 1896, décembre, 447.
Mariée (la), par X. Marmier. — 1889, décembre, 264-66.
Marjorie Daw, par Aldrich. — 1889, décembre, 341-63.
Marquise, par Eugène Forgues. — 1884, janvier, 61-116.
Marse Chan, par Thomas Nelson Page. — 1896, juillet, 74-98.
Martagarri, par A. de V. — 1886, décembre, 261-287.
Mauvais quart d'heure (un), par B. — 1900, décembre, 247-56.
Mérimée dilettante, par Adolphe Jullien. — 1880, février, 307-16.
Meunière (la) de Kitwyk, par Anna Eichberg-King. — 1897, décembre,
    228-45.
Message (le) de Noël, par Frank R. Stockton. — 1893, décembre, 303.
Miroir (le), par X. Marmier. — 1882, novembre, 115; 1883, février,
    205-64.
Mon veau, par Frank R. Stockton. — 1893, décembre, 222.
Mon mariage, par A. V. — 1887, novembre, 106-123.
Mont (le) Aquelarre, par H. Faure. — 1897, décembre, 254-76.

Morphinée, roman mystérieux, par le comte de Constantin. — 1892, janvier, 67-128.

Mort de Moïse, par P.-A. Pichot. — 1889, décembre, 239-240.

Mort (le) transformé, par Achille Millien. — 1893, mars, 90.

Mystère (un) de Noël au quinzième siècle, par Théodore Child. — 1895, décembre, 314.

Neuvaine (la), par G. d'Orcet. — 1892, décembre, 350-60.

Nez (le) du Grand Condé, par Auguste Dietrich. — 1887, décembre, 328-40.

Noël (la) du revenant, par Frank R. Stockton. — 1901, décembre, 153-68.

Noël, par Louis de Chauvigny. — 1887, décembre, 426.

Noël (la) de l'homme de neige, par Aug. Dietrich. — 1895, décembre, 334.

Noël. — 1893, janvier, 160.

Noël (la) buissonnière, par P. T. — 1894, décembre, 248-61.

Noël (la) de l'archer, par Auguste Dietrich. — 1901, décembre, 169-84.

Nonne (la) du temple d'Amida, par E. F. — 1900, décembre, 190-98.

Nourrice (la), par L. de Chauvigny. — 1890, décembre, 294-302.

Nuit (la) de Noël de 1836, par Larra. — 1888, décembre, 114-23.

Nuit (une) de décembre, par C. Courrière. — 1895, décembre, 221.

Nuit (la) de Noël du poète. — 1884, décembre, 468.

Nuit (la) du Christ, par Michel Stchédrine. — 1893, décembre, 221.

Orgue (l') de Cavalier, par L. de Rillé. — 1901, avril, 165-90.

Origine (l') de la pensée, par Palacio Valdés. — 1898, juin, 201-38; juillet, 67-110; août, 219-58; septembre, 65-112; octobre, 257-98; novembre, 43-84.

Orphelins (les), par A. Barthoud. — 1896, décembre, 354.

Ours (l'), par D. Ciampoli. — 1894, décembre, 352-56.

Parachute (le), par G. d'Orcet. — 1895, décembre, 253.

Parania, par P. Pastchenko. — 1890, décembre, 332-79.

Passer les bornes, par don Juan Valera. — 1892, juin, 231; juillet, 31; août, 271; septembre, 73.

Peintre (le) cloîtré, par H. Faure. — 1894, décembre, 301-7.

Pelargonium (le), par Frank R. Stockton. — 1893, décembre, 241.

Pensées du siècle. — 1898, août, 278.

Père (le), par B. — 1901, décembre, 185-207.

Perroquet virtuoso (le), par G. d'Orcet. — 1888, décembre, 318-31.

Petit clown (le), par A. de Viguerie. — 1886, novembre, 29-58.

Petit musicien (le). — 1884, décembre, 353.

Petite fille (la) qui sonnait la cloche, par Léonie Dennil. — 1901, décembre, 277-90.

Petit Noël! par A. P. — 1884, décembre, 284.

Petit (le) Jean, par C. Courrière. — 1895, décembre, 308.

Petit soulier (le) de Noël. — 1889, décembre, 201-209.

Petite chienne noire (la), par G. d'Orcet. — 1890, décembre, 303-14.

Petite souris (la), par le comte E. Saliasse. — 1892, décembre, 273-304.

Petit mari (le), par G. d'Orcet. — 1892, décembre, 102-14.

Pierrot décoré, par R. de Najac. — 1893, décembre, 287.

Piété filiale. par Motoyosi Saizau. — 1895, juin, 277-322: juillet, 5-57.

Pile ou face, par J. Teincey. — 1900, décembre, 173-76.

Poète le Ly-Taï-Pé, par Léon Charpentier. — 1900, décembre, 257-78.

Portrait du hussard noir (le), par Jean Teincey. — 1897, décembre, 221-27.

Potence (la) sans corde. par Raoul de Najac. - 1896, décembre, 438.

Poupées (les), par G. d'Orcet. — 1889, décembre, 267-87.

Pourquoi Pierrot n'est pas de l'Académie, par R. de Najac. — 1901, décembre, 340-48.

Première confession (la) d'une petite fille, par L. de Rillé. — 1901, décembre, 291-94.

Premières joies et premières larmes, par l'auteur de *Molly Bawn*. — 1890, janvier, 61; février, 225; mars, 15; avril. 245; mai, 33; juin, 349; juillet, 19; août, 247; septembre, 33; octobre, 271; novembre, 25.

Premier amour. par L. Dougall. — 1898, décembre, 197-215.

Préposé (le) aux hésitations, par F. R. Stockton. — 1898, décembre, 215-21.

Prière d'oiseaux, par Nérange. — 1890, juin, 341-48.

Princesse (la) maussade, par L. de Rillé. — 1899, décembre, 287-90.

Prophétie (une), par Jules Barbier. — 1893, février, 276.

Propos du vent et du soleil, par J. Teincey. — 1899, décembre, 282-87.

Quêteur, conte russe. — 1884, décembre, 331.

Rabbin (le), par X. Marmier. — 1889, décembre, 331.

Radiomètre (le), par Albert Savine. — 1900, décembre, 220-28.

Raphèle, par le comte Remacle. — 1892, avril, 304-20; mai, 59-79.

Reine (la) des grenouilles. — 1884, décembre, 397.

Remords (les) de Tajima-Shumé. — 1884, décembre, 397.

Renards (les) reconnaissants, conte japonais. — 1884, décembre, 424.

Renégat (le), par E. Horn. — 1900, décembre, 209-21.

Réparation judiciaire. Souvenirs des bagnes de Sibérie, par Stephen Bonsal. — 1900, septembre, 97-116.

Résurrection, du comte Tolstoï, par C. Courrière. — 1900, mai, 43-62.

Rêve (le). — 1891, décembre, 346-69.

Rêve (le) d'Irma, par Ludwig Hevesi. — 1899, décembre, 229-37.

Réveillon (un) sur une épave, par Stockton. — 1889, décembre, 343.

Revenant (le), par C. Courrière. — 1894, décembre, 357-69.

Roi (le) Salomon du Kentucky, par J. Teincey. — 1898, décembre, 221-37.

Roman (le) américain et le nègre du Narcisse, par J. Teincey. — 1899, juin, 185-216.

Rose (la) et le crapaud, par C. Courrière. — 1894, décembre, 308-15.

Roses de Noël, par P.-A. Pichot. — 1887, décembre, 269.

Royal amour, par Léonie Denuit. — 1892, décembre, 305-14.

Sac (le) du soldat. par Fernand Beissier. — 1898, décembre, 266-70.

Sacristain (le) de Férigoulet. — 1895, décembre, 305.

Sage (le) goujon, de Stchedrine, par C. Courrière. — 1887, décembre, 387-93.

Sang allemand (le), par C. Courrière. — 1894, décembre, 335-43.

Sauge (la), conte provençal. — 1884, décembre, 281.

Sigurd et Singorra, conte suédois. — 1884, décembre,   .

Silence (le) du doyen, par Maxwell Gray.—1893, mai, 5-48; juin, 219-84; juillet, 61-119; août, 297-349; septembre, 51-118.

Simonne, par Léonie Denuit. — 1891, juillet, 139-58.

Slaves (les) en 1888, par C. Courrière. — 1889, février, 361-84.

Sœur (la) de Robespierre, épisode de la Terreur, par G. d'Orcet. — 1893, décembre, 31-80.

Soif (la) du juste, par Edmond Thiaudière. — 1895, décembre, 374.

Soleil (le), par Paul Arène. — 1892, mai, 94.

Souliers (les) de la tzarine, conte russe. — 1884, décembre, 131.

Source (la) de la guérison, par X. Marmier. — 1889, décembre, 250.

Stradiot (le), par G. d'Orcet. — 1896, décembre, 133-58.

Sur la Moselle, par Ludwig Havesi. — 1898, décembre, 250-65.

Surmené (le), par Sienkiewicz. — 1890, décembre, 315-31.

Thordr de Thrastadr, conte islandais. — 1884, décembre, 349.

Tircis, par Laurent de Rillé. — 1899, août, 271-81.

Traditions (les) de Noël en Franche-Comté, par Ch. Beauquier. — 1896, décembre, 265.

Tribulations (les) de Khabaroff, par J.-A. Goutcharoff. — 1893, décembre, 273.

Tribulations d'un revenant, conte allemand. — 1884, décembre, 343.

Tribunal (un) de village, par C. C. — 1885, décembre, 345-68.

Trois petites amies, conte hollandais. — 1884, décembre, 373.

Trois (les) vœux du riche, par Xavier Marmier. — 1889, décembre, 364-67.

Trop tard, par A. V. — 1898, janvier, 57-98.

Tsepherda, par G. d'Orcet. — 1890, décembre, 245-70.

Une (d') gare à l'autre, par Ludwig Hevesi. — 1884, juillet, 115-37.

Un homme à la mer, par Hephell. — 1892, avril, 351-61.

Un mariage d'artiste, par A. de Viguerie. — 1880, février, 317-42.

Un misérable, par Jean Rutkowski. — 1892, décembre, 382-90.

Un mystère, par Gipsy. — 1892, décembre, 377-84.

Un petit ménage, par Robert Stockton. — 1898, décembre, 201-31.

Un quatorzième d'héritage. — 1892, novembre, 31-96.

Un roi en journées, par A. V. — 1887, février, 123-134.

Un service d'ami, par A. de Viguerie. — 1885, octobre, 375-402.

Un voyage de noces, par J. Teincey. — 1899, août, 281-94.

Veille (la) de Pâques, par C. Courrière. — 1900, avril, 251-57.

Veinard (un), par Grenville-Murray. — 1889, décembre, 253-63.

Vengeance (la) des frères, par Hall Caine. — 1896, janvier, 87-104; février, 245-316; mars, 37-90; avril, 307-78; mai, 77-122; juin, 295-356.

Vie (la) de Polichinelle, par R. de Najac. — 1892, décembre, 391-404.

Vieux (le) sonneur, par C. Courrière. — 1895, décembre, 246.

Virginia, récit virginien, par Y. Blaze de Bury. — 1890, juillet, 101-125; août, 327-62.

Yé, par E. F. — 1895, décembre, 237.

Poésies françaises. — Adieu, par Gennevraye. — 1887, juin, 352.
Aïeule (l'), par Octave Lacroix. — 1891, mai, 86.
Ainsi. — 1885, avril, 156.
A la petite morte, par P. Collin. — 1882, décembre, 430.
Alice, par L. Tiercelin. — 1883, mars, 130.
Amours défunts, par L. de Chauvigny. — 1886, février, 270; 1848, mars, 46.
Au fond du Rhin, par H. Dippel. — 1886, avril, 340.
Au jardin, par Philoxène Boyer. — 1887, août, 380.
A un exilé, par Charles Fuster. — 1885, janvier, 232.
Au nid, par Paul Jousset. — 1889, avril, 374.
Au pays bleu, par Charles Fuster. — 1895, janvier, 126.
Au soleil, par Georges Montigny. — 1891, novembre, 110.
Automne, par Rosemonde Gérard. — 1889, novembre, 388.
Bagtche-Sarai, par le général Francis Pittié. — 1886, février, 424.
Bains de mer, par L. Savernes. — 1892, novembre, 161.
Belle barbière (la). — 1894, novembre, 130.
Bonheur passé, par Maurice Trubert. — 1883, novembre, 76.
Boutades, par Gabriel Prévost. — 1889, juillet, 146.
Cache-Cache, par P. Collin. — 1881, avril, 376.
Chanson de route, par Charles Fuster. — 1895, mars, 54.
Coucher du soleil, par Thérèse Maquet. — 1892, novembre, 95.
Coupe (la), par Thérèse Maquet. — 1892, novembre, 30.
Crédo, par Thérèse Maquet. — 1892, novembre, 152.
Crépuscule, par Edmond Rostand. — 1890, mai, 150.
De haut en bas, par Camille Thorin. — 1890, avril, 304.
Depuis, par Maurice Trubert. — 1885, janvier, 206.
Dernier rayon, par Thérèse Maquet. — 1892, octobre, 356.
Dialogue avec le bon Dieu, par Eugène Bertrand, — 1886, février, 368.
Dolman (le). — 1894, février, 376.
Éblouissement, par Thérèse Maquet. — 1892, octobre, 340.
Excelsior, par Eschenauer. — 1892, mai, 89.
Fable, par Octave Sachot. — 1888, mai, 158.
Fable, par O. Sachot. — 1888, novembre, 188.
Feuilles mortes, par Camille Thorin. — 1890, mars, 140.
Fiancés, par Camille Thorin. — 1890, mars, 98.
Fleurs pour la tombe d'une jeune femme, par P. Collin. — 1880, novembre, 32.
Forêt du rêve, par Charles Fuster. — 1895, avril, 330.
Frisson d'automne, par Fernand Sarnette. — 1895, mai, 54.
Idéal, par L. de Chauvigny. — 1885, juin, 324.
Idéal, par Thérèse Maquet. — 1892, septembre, 162.
Jour de gel, par Charles Fuster. — 1895, avril, 260.
L'Aïeule, par P. Collin. — 1885, novembre, 140.
La Chapelle, par Ed. Rostand. — 1890, mai, 68.
La Figurine, par Philippe Gille. — 1887, août, 428.
La Fenêtre ouverte, par L. de Chauvigny. — 1888, mai, 234.

La Flèche et le Chasseur. — 1886, avril. 384.
La Goutte de nectar, par Sully-Prud'homme. — 1886, juin, 368.
La Lecture, par Aug. Coupey. — 1883, juin, 524.
La Légende du rouge-gorge, par Paul Pionis. — 1894, décembre, 370
La Mauvaise Herbe. par Jules Nollée. — 1883, février, 382.
La Mort de l'hiver, par Edmond Rostand. — 1890, avril, 366.
L'Amour fidèle. imité de Thomas Moore. — 1886, mai, 174.
La Noce d'or, par Stéphen Liégeard. — 1882, juillet, 192.
La Pierre à fusil et le Briquet, par Yriarte. — 1885, juin, 474.
La Petite Reine, par Eugène Rostand. — 1884, avril, 438.
La Rose des bois, par Isidore Salles. — 1893, décembre, 308.
Lassitude, par L. de Chauvigny. — 1886, juin, 334.
La Tombe. — 1890, février, 260.
L'Aumône, par Alfred Busquet. — 1886, avril, 488.
L'Auteur et les Secrétaires, par Aug. Coupey. — 1885, mars, 114.
La Vieille Cloche, par J. S. — 1893, décembre, 240.
La Vigne, par J. S. — 1893, décembre, 250.
La Vipère et la Sangsue, par Yriarte. — 1885, mai, 222.
Le Bal. par le baron Imbert de Saint-Amand. — 1886, juin, 442.
Le Calice, par Chasle-Pavie. — 1888, juillet, 118.
Le Cerf-Volant. par Georges Montigny. — 1891, novembre, 140.
Le Chant des grenouilles. par Rosemonde Gérard. — 1889, novembre,
348.
Le Chêne mort, par Sophie Hué. — 1883, juin, 374.
Le Cher, par Aug. Coupey. — 1883, août, 362.
L'École buissonnière, par Amélie Vivien. — 1886, juin, 280.
Le Conte bleu, par B. Bossy. — 1890, janvier, 60.
Le Coquillage. par le comte A. de Montferrier. — 1885, mai, 134.
Le Démagogue. par L. Mazoyer. — 1883, avril, 378.
Le Doute, par Alfred Thomereau. — 1885, juillet, 134.
Le Drapeau, par Edmond Maguier. — 1883, mai, 86.
Le Corbeau blessé, par J.-B. Lacombe. — 1885, juillet, 14.
Le Fond du cœur, par J. S. — 1893, décembre, 18.
Le Gland et la Taupe, par Isidore Salles. — 1893, décembre, 330.
Le Luth, par Maurice Vaucaire. — 1887, juin, 374.
Le Monde ne paraît pas son âge, par Maurice Trubert. — 1882, juil-
let, 30.
L'Enfant du pays, par Eugène Rostand. — 1884, avril, 424.
L'Été, par Willia. — 1887, juin, 472.
L'Été, par Gaston David. — 1883, août, 396.
Le Petit Enfant. par Tiercelin. — 1883, mars, 130.
Le Piéton, par J.-B. Lacombe. — 1885, juillet, 174.
Le Pouvoir, par Augusta Coupey. — 1883, juin, 500.
Le Retour, par Francis Melvil. — 1885, janvier, 128.
Le Refuge, par L. de Chauvigny. — 1888, septembre, 52.
Le Rêve, par Villis. — 1890, janvier, 94.
Le Sable du désert, par Jules Nollée. — 1883, juin, 420.

Les Chanteurs, par L. de Chauvigny. — 1887, mars, 68.
Les Deux Pigeons, par J. S. — 1893, décembre, 227.
Les Glaneurs, par L. de Chauvigny. — 1886, août, 282.
Les Infinis, par Thérèse Maquet. — 1893, décembre, 330.
Les Nénuphars, par Edmond Rostand. — 1890, mars, 130.
Le Suffrage universel, par L. Mazoyer. — 1885, avril, 416.
Le Tambourineur, par Edmond Rostand. — 1890, avril, 356.
Le Troglodyte, par Jules Forget. — 1887, mai, 110.
Le Vieux Nid, par J. S. — 1893, décembre, 30.
L'Homme au sable, par Alfred Busquet. — 1884, décembre, 338.
L'Idéal et la Possession, par lord Lytton. — 1891, décembre, 106.
L'Inconsolé, par Clovis Hugues. — 1889, avril, 424.
L'Inauguration de la statue de Shakspeare, par Henri de Bornier. —
    1888, octobre, 356.
L'Invraisemblable, par Charles Fuster. — 1895, mars, 12.
Mai, par P. Collin. — 1882, mai, 90.
Marche funèbre, par André. — 1882, avril, 476.
Mélancolie, par P. Collin. — 1882, novembre, 98.
Mon clocher, par Gustave Nadaud. — 1890, mai, 98.
Noël 1880, par P.-Amédée Pichot. — 1881, janvier, 218.
Noël, par Julien Luchaire. — 1893, janvier, 216.
Noël, par Paul Hecquet. — 1882, décembre, 412.
Nunc dimittis, par L. de Chauvigny. — 1886, juin, 434.
Paradis, par Félix Frank. — 1885, juin, 434.
Pater noster, par Isidore Salles. — 1893, décembre, 340.
Poésie, par Xavier Aubryet. — 1891, février, 338.
Poésie, par Raoul Caveroc. — 1884, novembre, 172.
Poésie sombre, par P. Collin. — 1885, novembre, 104.
Poésie espagnole, par Gustave Becquer. — 1885, mai, 82.
Poésie, par Félix Frank. — 1885, juin, 434.
Poésie brésilienne : l'Esclave. — 1885, janvier, 64.
Poésies, par Raymond de La Tour de Villard. — 1884, novembre,
    110.
Poète portugais : Jean de Dieu, par H. Faure. — 1895, février, 317.
Poupée (la), par Georges Martigny. — 1891, août, 284.
Pour la tombe d'une jeune femme, par P. Collin. — 1880, novembre, 32.
Première neige, par Octave Sachot. — 1885, décembre, 414.
Rencontre, par Charles Fuster. — 1895, février, 314.
Réveil, par P. Collin. — 1880, juillet, 70.
Ronce (la) et l'Aiguille, par Georges Montigny. — 1891, octobre, 294.
Roses (les) de Nazareth, par Paul Collin. — 1897, décembre, 282.
Rossignol (le), par H. L. — 1891, mars, 58.
Ruines du cœur, par François Coppée. — 1887, juin, 440.
Sehnsucht, vieille chanson allemande. — 1886, mars, 38.
Silence, par Charles Fuster. — 1895, mars, 148.
S'ils s'envolent. — 1896, février, 278.
Soleil d'avril, par Félix Frank. — 1885, avril, 406.

Sonnet, par L. de Chauvigny. — 1883, février, 416.
Sonnet, par M. Blanchecottes. — 1891, juillet, 30.
Sonnet, par L. de Chauvigny. — 1886, août, 282.
Sonnet de Shakspeare, par L. de Ronchaud. — 1887, mars, 104.
Sonnet, par L. de Chauvigny. — 1888, avril, 122.
Strophes aux roses, par Henry Mériot. — 1887, février, 474.
Sur la mort d'une jeune femme, par P. Collin. — 1880, novembre, 88.
Un an d'amour, par P. Collin. — 1883, janvier, 40 ; février, 316 ; mars,
    98 ; avril, 358 ; mai, 34 ; juin, 350 ; juillet, 36 ; août, 330.
Un bon conseil, par P. Collin. — 1881, avril, 186.
Vacances du printemps, par Clovis Hugues. — 1889, avril, 332.
Vers le passé, par Marius Dillard. — 1884, février, 465.
Voyager, par Rouaud. — 1883, mai, 182.

Pensées diverses. — 1880. — Janvier, 198 ; février, 394 ; mars, 46, 102,
    182 ; avril, 318, 354, 400 ; mai, 78, 494 ; juin, 346 ; juillet, 94, 152, 226 ;
    août, 362, 504 ; septembre, 406 ; novembre, 52, 88, 200.
1881. — Janvier, 72, 148 ; février, 400, 468 ; mars, 124, 154, 190 ; mai,
    12, 114, 144 ; août, 130, 160 ; septembre, 220 ; octobre, 366, 156, 188.
1882. — Janvier, 30, 112, 184 ; février, 334 ; mars, 68, 112, 188 ; avril,
    500 ; juillet, 102 ; août, 372, 416, 480 ; septembre, 102, 160, 186 ; octo-
    bre, 344, 404, 136, 198.
1884. — Février, 354, 422, 465 ; mai, 30, 94, 114 ; août, 124, 148, 460.
1885. — Octobre, 204.
1887. — Mai, 236 ; juillet, 110 ; août, 320, 380, 428 ; septembre, 62, 120 ;
    octobre, 284, 374 ; novembre, 124, 154 ; décembre, 116.
1888. — Janvier, 48, 148 ; février, 300, 322, 440 ; mars, 46, 68, 90, 160 ;
    juin, 428 ; juillet, 22, 68 ; novembre, 84, 152.
1889. — Janvier, 72 ; février, 242, 346, 398 ; mars, 94.
1890. — Juillet, 70, 126 ; août, 222, 228, 326 ; septembre, 32 ; novem-
    bre, 58.
1891. — Janvier, 54 ; février, 66, 138.
1892. — Mai, 136, 148 ; juin, 230.
1895. — Octobre, 240, 332.
1898. — Août, 272.
1900. — Pensées de Tolstoï : novembre, 34 ; 1901, janvier, 144 ; février,
    186, 216 ; mars, 72, 214 ; avril, 200.

Paradoxes. — 1895. — Juillet, 58, 80 ; août, 292, 358.

Théâtres. — 1880. — La Flûte enchantée ; les Voltigeurs de la 32e, janvier,
    254. — Daniel Rochat ; le Nabab ; Turenne ; les Boussigneul, février,
    546. — Les Mousquetaires au couvent ; les Étrangleurs de Paris, mars,
    261. — Les Noces d'Attila ; l'Amiral ; le Siège de Grenade, avril, 508. —
    Le Gendre de M. Poirier ; le Pacte de famine ; le Chat botté, juillet,
    283. — Michel Strogoff ; Jarvis, l'honnête homme ; le Voyage en Amé-
    rique, septembre, 257. — Jean de Nivel, les Grands Enfants, octobre,

359. — La Belle Lurette; la Cantinière, novembre, 311. — La Mère des compagnons; le Père prodigue, décembre, 564.

1881. — La Coupe; la Fileuse d'argent, janvier, 300. — L'Amour médecin; le Partisan; la Fée Cocotte, février, 307. — La Fausse Confidente; le Parisien; les Noces d'argent, mars, 290. — Les Poupées de l'Infante; la Reine des halles, avril, 555. — Le Monde où l'on s'ennuie; la Petite Sœur, mai, 399. — Les Élections, septembre, 294. — Le Petit Duc; les Premières Armes de Richelieu, octobre, 601. — Divorçons; Odette, novembre, 272. — Mil et un Mil, décembre, 542.

1882. — Les Pantins; la Belle-Mère du Prince; Quatre-vingt-treize, janvier, 224. — Le Petit Favet; Fiorinella, février, 565. — Barberine; Coquelicot, mars, 269. — François de Rimini; Mme le Diable; Serge Panine, avril, 569. — Un Mariage de Paris; Donjon des étrangers, mai, 324. — Le Pressoir; Un mari malgré lui; Denis Papillon, juin, 608. — Le Roman parisien; Les Menus-Plaisirs; La Belle Polonaise, novembre, 316.

1883. — Le Bossu; la Belle Gabrielle; le Courrier de Lyon, janvier, 258. — La Giralda de Scribe; le Val d'Andorre; M. le Ministre, février, 498. — La Cigale; le Roi des Grecs; l'As de trèfle, mars, 256. — Lakmé; Formosa; le Fond du sac, avril, 554. — Le Vertigo; la Famille d'Armelle; les Affolés, novembre, 533.

1884. — Les rivalités au théâtre; Dugazon et Dazincourt, par Raoul de Najac, août, 130-47.

1885. — Théodora, comédienne et impératrice, drame historique original en cinq actes, par Watts Phillips esq., janvier, 5-63.

1888. — L'Hypnotisé; la Lycéenne; le Réveillon, janvier. — L'Aventurière; Andréa; Paris en actions, février. — La princesse Georges; Surprises du divorce, mars. — Les médecins; la Grande Marnière, avril. — La Marchande de sourires; le Roi d'Is, mai, 256. — Mission de Jeanne d'Arc, juin, 492. — Exhibition des Hottentots, juillet, 170. — Vénus hottentote, août. — Crime et Châtiment; Joyeusetés de l'année, septembre. — François le Champi; Roger la Honte, octobre, 432. — Caligula; le Parfum; la Gardeuse d'oies, novembre. — Mariage avant la lettre; Paris boulevard, décembre.

1889. — La Fille du tambour-major, janvier, 213. — Marquise; Barbe-Bleuette; la Policière; Margot, février. — Les Maris sans femmes; Léna, avril. — Esclarmonde; Trop aimée, mai. — Le Coffre-fort, comédie en trois actes de Raoul de Najac, juillet, 25-70. — Tempête; Prince Soleil, juillet. — La Lutte pour la vie; le Secret de la terrasse, octobre. — Paris attraction, novembre.

1890. — Voyage de Suzette; les Vieux Maris: Nos Jolies Fraudeuses, février, 440. — Le Drapeau; Feu Toupine; Grand'Mère; le Fétiche, mars, 210. — Ascanio; les Ménages parisie ; les Clés du paradis, avril. — Le Dante; Une famille; Un gendre mai, 205. — La Basoche; Zaïre, juillet. — L'Ogre, octobre, 448. — L'Egyptienne; Sansonnet, novembre. — Le Régiment; le Prix Montyon décembre.

1891. — L'Obstacle; Fée aux chèvres, janvier. — Le Vénitien; Fleurs

des neiges; Lohengrin, février, 428; mars, 203. — Le député Leveau;
Tout-Paris, avril, 440. — Le théâtre d'Ibsen, par A. V., mai, 143-56. —
La famille de Vénus; la Demoiselle du téléphone; Grisélidis; Cœur de
Sita, mai, 213. — Mᵐᵉ la Maréchale; Durand et Durand, juin, 420. —
Le Rêve, le Gendarme; l'Article 231, juillet, 202. — Le Théâtre et ses
conditions matérielles d'existence au seizième siècle, par Germain
Baspt, octobre, 365; novembre, 222.

1892. — Janvier, 197. — Macbeth; la Menteuse; la Bonne à tout faire,
février, 448. — L'Éventail de lady Windermere, par Gaston Bonnefont, mars, 91-159. — La Statue du Commandeur, mars, 227. — Voyage
dans la lune; Bon Docteur; Maris d'une divorcée; le Brevet supérieur;
les Enfants du capitaine Grant, avril, 432; mai, 191; juin, 372; juillet,
207; août, 410; septembre. — La Femme du commissaire; Mariage
d'hier; Un drame parisien; Maître d'armes, octobre, 403.

1893. — Janvier, 218; mars, 105; avril, 130. — La Reine Juana; la Wal-
kyrie, mai-juin, 423. — Valmy, juillet, 220; août, 158; septembre, 202;
octobre, 411; novembre, 217; décembre, 128.

1894. — Janvier, 239; février, 312; mars, 271; avril, 503; septembre, 214;
octobre, 157. — Othello; Méfistofele, novembre, 222.

1895. — Février, 424; mars, 217; avril, 130; mai, 222; juin, 473; août,
433; octobre, 110; novembre, 194; décembre, 139.

1896. — Février, 404; avril, 474; juin, 160; juillet, 198; septembre, 229.
— Comédie française : reprise de Montjoye. — Odéon : le capitaine
Fracasse, octobre, 434; novembre, 253; décembre, 532.

1897. — Comédie française : Mieux vaut douceur... et violence; la Loi
de l'homme. — Opéra-Comique : Kermaria. — Folies-Dramatiques :
l'Auberge du Tohu-Bohu. — Gaité : la Mascotte, février, 424; avril,
313; mai, 158; juillet, 157; août, 316; octobre, 315; novembre, 157;
décembre, 315.

1898. — Janvier, 158; mars, 138; avril, 281; octobre, 319; novembre,
157; décembre, 155.

1899. — Juin, 317; juillet, 158; octobre, 310; novembre, 157. — Les Ma-
rionnettes à travers les âges, par R. N., octobre, 205-21.

1900. — Février, 305; mars, 150; avril, 501; juin, 310; juillet, 155; octobre, 322; novembre, 158.

1901. — Janvier, 167; février, 320; mars, 164. — Le théâtre chez les
Chinois, mars, 103-15. — Le cirque Barnum-Bailey, décembre, 341.

3. Littérature de l'Angleterre.

BIOGRAPHIE. — Aristophane (l') anglais, par A. de Viguerie, — 1885,
août, 443-63.

Arteveld (Jacques d'), d'après les chroniques flamandes, par G. d'Orcet.
— 1881, février, 421-467.

Carlyle, les biographies; Mᵐᵉ Carlyle, le prophète Irving. — 1881,
avril, 330.

Carpentier (Miss), la missionnaire philanthropique des Indes. — 1880, janvier, 239.

Eliot (George), sa mort; détails biographiques. Le dernier des Stuarts. — 1881, janvier, 292.

Elisabeth (la reine), sa jeunesse. — 1880, novembre, 201-220.

Gilpin John, héros solaire. — 1881, avril, 139-85.

Gottfried Mind, peintre des chats. — 1884, juin, 427-36.

Gladstone au collège. — 1883, avril, 417-41; à Oxford, juin, 409-19.

Hepworth Dixon et ses travaux. — 1880, janvier, 237.

Kemble Fanny, actrice anglaise. — 1882, octobre, 405-35.

Lyell (Charles), d'après Grant Allen. — 1882, mars, 39-67.

Panizzi (Antonie). — 1881, juin, 375.

Pope et ses œuvres, par A. de Viguerie. — 1885, janvier, 65-95.

Prétorius, le héros du Transvaal. — 1880, janvier, 233.

Les aquarellistes anglais, par Harry Quilter. — 1880, décembre, 357-71.

Raikes, fondateur des écoles du dimanche. — 1880, février, 530.

Reine (la) et la famille royale d'Angleterre, par A. de Viguerie. — 1882, juillet, 5-30.

Sedulius, le poète irlandais. — 1882, mars, 199.

Shakspeare ou Bacon. — 1885, mai, 5-32.

Schiller, sa vie. — 1883, septembre, 44-64.

Sophie l'électrice, une ancêtre de la reine Victoria. — 1885, décembre, 427-448.

Stanley Jevons. — 1886, octobre, 261-88.

Tom Taylor, ses adaptations, sa mort. — 1880, juillet, 561.

Shelley (le poète), par Hippolyte Buffenoir. — 1895, mai, 91-102.

William Morris, par Gaston Bonnefont. — 1896, juillet, 5-26.

Marguerite (une) d'Écosse, par Yetta Blaze de Bury. — 1899, août, 243-70.

Mélanges et discours académiques de lord Rosebery, par ***. — 1899, septembre, 25-50.

Hommes d'État : Gladstone, par R. Privat. — 1900, juillet, 5-32.

Victoria, reine et impératrice, par R. Privat. — 1901, août, 161-97.

Walter Scott et ses contemporains, par J. Teincey. — 1899, novembre, 55-56.

Wellington et la restauration des forces militaires de l'Angleterre, par G. d'Orcet. — 1900, janvier, 63-84.

Le dernier volume de la biographie du prince consort. — 1880, avril, 488.

Un collectionneur anglais, par A. V. — 1882, août, 431-45.

Manuscrits arabes du British Museum. — 1885, avril, 467.

La société anglaise et ses historiens. — 1885, septembre, 5-40.

Les deux mariages d'une Indienne, par A. de Viguerie. — 1883, août, 309.

Un grand fonctionnaire de l'Inde anglaise, par A. V. — 1884, septembre, 5-40.

Vie publique du prince de Galles, par O. S. — 1889, juin, 241-62.

Irving, par Blaze de Bury. — 1892, novembre, 153-68.
Les Goncourt devant la critique anglaise. — 1895, janvier, 119-25.

Ecrits sur la littérature anglaise. — Endymion (l') de lord Beaconsfield.
— 1880, décembre, 551.
Les grands écrivains dans les petits journaux; traduction d'une œuvre
d'Alphonse Karr. — 1881, janvier, 298.
Une femme de lettres en Angleterre, par Old Nick junior. — 1882, mars,
167-87.
Les femmes de lettres en Angleterre, par Jane Austin. — 1882, avril,
429-36.
Cavaliers et puritains, par Yetta Blaze de Bury. — 1889, mars, 35-46.
Le roman et la presse populaire en Angleterre. — 1887, avril, 413-34.
La littérature à bon marché en Angleterre. — 1891, avril, 325-48.
La nourriture et la manière de se nourrir. — 1880, juillet, 270.
L'art de la pêche au hameçon. — 1880, septembre, 427.
Gypsies et Bohémiens. — 1880, octobre, 542.
Le vieux Londres, par J. Teincey. — 1901, août, 243-62.
Lettres d'amour d'une femme anglaise, par J. Teincey. — 1901, septem-
bre, 85-98.
Origine et caractère de la population des Iles-Britanniques, par Octave
Sachot. — 1901, novembre, 57-74.

Livres nouveaux. — Sunshine and Storms in the east; Barbara. — 1880,
février, 437.
Ouvriers et ouvrières, par un ouvrier. — 1880, mai, 262.
Chronologie de la médecine. Poet and Peer, par Hamilton-Aïdé ; une
héroïne grecque moderne. — 1880, juillet, 270.
Le joueur de violon; Eros. — 1880, septembre, 247.
Routes nouvelles au Japon. Endymion. — 1880, novembre, 283.

Romans, contes, nouvelles et miscellanées. — Amateur (l') de porcelaine,
par Hugues Conway. — 1888, décembre, 265-76.
Bandit (un) de haute volée, par A. V. — 1880, mai, 173-93.
Barbara. — 1880, février, 538.
Barbebleue (Mᵐᵉ), par W. Thackeray. — 1882, juillet, 103-24.
Bourriche (la) de Noël, par James Greenwood. — 1888, décembre, 256-65.
Brèche (une) à la discipline, par A. V. — 1882, décembre, 387-95.
Café (le) des exilés, récits de mœurs créoles, par G. W. Cable. — 1884,
septembre, 131-57.
Comme je me suis débarrassé de ma belle-mère, par A. V. — 1885, mai,
181-94.
Conquête d'une belle-mère, par l'auteur de *Molly Bawn*. — 1884, juin,
281-217; juillet, 5-64; août, 311-65; septembre, 41-94.
Cloison (la) étanche, par Frank Stockton, traduit par A. de Viguerie. —
1891, décembre, 374-87.
Copeau (le), par lord Lytton. — 1891, décembre, 370-73.
Cœur (le) révélateur, par Edgar Poë. — 1899, décembre, 291-300.

Daizy Miller, par Henry James. — 1883, mars, 155-81 ; avril, 441-75.
Dame (la) d'Ellermore, par miss Oliphant. — 1884, février, 445-514.
Dame (la) ou le tigre? par Stockton. — 1888, décembre, 277-84.
Delphine (Mᵐᵉ), par George W. Cable. — 1883, octobre, 317-67.
Dibalzo (Laura), de Richard Horne. — 1880, mars, 239.
Deux contes d'Antony Trollope, par A. de Viguerie. — 1884, août, 393-423.
D'une gare à l'autre, par Ludwig Hevesi. — 1884, juillet, 115-37.
Drame (un) aux Shetland, par Catherine Grant-Furley, traduit par Maurice Reynold. — 1884, septembre, 159-82.
Femme (la) de Jan, par Amélia E. Barr. — 1888, mai, 5-48 ; juin, 313-38 ; juillet, 23-52 ; août, 251-66 ; septembre, 31-51 ; octobre, 251-78 ; novembre, 58-83.
Fils (un) de famille : Scènes de la vie anglaise, par Frederick Liardet. — 1881, janvier, 47-71 ; février, 365-99 ; mars, 191-226 ; avril, 407-38 ; mai, 145-80 ; juin, 451-91.
Galatée (la) japonaise, par H. T. — 1882, janvier, 96-111.
Garrett, Herculano et Castilho, par H. Faure. — 1892, juillet, 119-46 ; août, 241-70.
Géant (le) aux cheveux blonds, par X. Marmier. — 1887, juin, 459-64.
Halluciné (un), par A. V. — 1881, mai, 181-214.
Hans Preller. Légende de la chute du Rhin, par A. V. — 1880, septembre, 123-38.
Harrish O'Brien. Étude de la vie contemporaine en Islande, par the hon. Emily Lawless, trad. par A. de Viguerie. — 1887, juin, 321-51 ; juillet, 59-93 ; août, 321-79 ; septembre, 63-119.
Hellen Clifford. — 1886, janvier, 5-80 ; février, 271-336 ; mars, 39-86.
Héritière (l') de Clenmahowley. — 1884, avril, 377-93.
Héros malgré lui, par Greenwood. — 1888, décembre, 372-80.
Histoire d'un penny, par A. V. — 1884, avril, 394-404.
Histoire d'un mariage, par Mathilde de G. — 1884, mars, 69-94.
In extremis, par A. V. — 1880, mars, 103-135.
Lalla Roukh, de Th. Moore. — 1887, mars, avril et mai.
Macfarlane (Mistress), par Xavier Marmier. — 1883, janvier, 107-17.
Madone (la) de la reine, de Tarczai, trad. par E. Horn. — 1899, juillet, 33-54.
Mariage (le) d'un émigré, par A. V. — 1881, septembre, 201-19.
Message (le), par X. Marmier. — 1886, décembre, 300-11.
Mine (la) du colonel, par A. V. — 1882, décembre, 396-406.
Mort sans souffrir, par A. V. — 1881, février, 401-20.
Nouveau (un) Mercure, par A. V. — 1883, mai, 159-80.
Ouvrières et ouvriers, par un ouvrier. — 1880, mai, 262.
Passagère (la) de l'Aroostook, par W. D. Howells, trad. de Mᵐᵉ Dronsard. — 1884, octobre, 319-414 ; novembre, 39-109.
Pauvre Jack! Histoire d'un chien vivisecté, par A. V. — 1882, janvier, 85-95.
Perce-Neige, par X. Marmier. — 1886, décembre, 293-99.

Pudding (le) de Noël, par George R. Sims. — 1882, décembre, 407-412.

Quelques types d'avares, par Geo. S. — 1883, mai, 119-44.

Revenant (le), par Xavier Marmier. — 1886, juillet, 189-96.

Roman (un) d'automne, par A. V. — 1882, novembre, 129-63.

Roman (un) ébauché, par Jane Wilkie. — 1883, mai, 183-98.

Roman (le) d'un historien, par A. V. — 1882, février, 145-62.

Rosette, par miss Betham Edwards. — 1884, février, 115-28.

Souvenirs de Charles Reade, par A. V. — 1884, octobre, 280-318.

Substitution (la), par miss Betham Edwards. — 1883, janvier, 157-82.

4. Littérature de l'Allemagne, de l'Autriche et de la Hongrie.

BIOGRAPHIE. — M. de Bismark, l'orthographie. — 1880, mai, 219.

Ebner-Eschenbach (Mᵐᵉ), par A. Dietrich. — 1886, mai, 139-55.

Frédéric II, empereur d'Allemagne, par Ed. Bonnal.—1886, juin, 435-44.

Holtei (Charles von), ses nombreuses publications. — 1880, mars, 205.

Kleist (Henri de), sa vie et ses œuvres, par A. Dietrich.— 1888, janvier, 131-48.

Metternich (le prince de). Un chancelier d'ancien régime. — 1889, avril, 333-40.

Rudolph Clausius et ses travaux, par Clémence Royer.—1888, novembre, 85-98.

Lenormand (François). — 1880, mai, 224.

ÉCRITS SUR LA LITTÉRATURE. — PRESSE. — La littérature française, par un Prussien, par A. Dietrich. — 1883, février, 343-54.

Chez les Teutons; impressions d'une Anglaise. — 1884, août, 425-38.

Shakspeare ou Bacon? par Alexandre Büchener. — 1885, mai, 5-32.

Les Allemands à Londres, par L. Katscher. — 1887, juin, 353-73.

Le mouvement littéraire dans le pays slave, par C. Courrière. — 1887, octobre, 375-404.

Les souvenirs d'un diplomate allemand, par A. V. — 1887, décembre, 447-76.

Le séjour de Mozart en France, par Hippolyte Buffenoir. — 1890, septembre, 87-111.

ROMANS, CONTES ET NOUVELLES. — Aventures de Noël du docteur Vétillard, par A. Dietrich. — 1885, décembre, 325-33.

Chapeau (le) ensorcelé, par Bérend. — 1880, septembre, 107-22.

Cheveux (les) d'or, par X. Marmier. — 1886, décembre, 312-20.

Gesa, par Ossip Shubin. — 1888, janvier, 5-47; février, 241-78.

Hans Preller, légende de la chute du Rhin, traduit par X. Marmier. — 1880, septembre, 107-22.

Kohlhaas (Michel), le marchand de chevaux, par Henri de Kleist. — 1888, février, 355-414; mars, 121-50.

Tableau (le) du Titien, par A. Dietrich. — 1886, décembre, 373-404.

Une course en traîneau, par A. Dietrich. — 1881, décembre, 321-33.
Bojéna, la servante morave, par Mme d'Ebner-Eschenbach. — 1886, juin,
   281-33 ; juillet, 55-90 ; août, 283-320 ; septembre, 87-138 ; octobre,
   317-49.

5. Littérature de la Belgique, de la Norvège, du Danemark et de l'Islande.

Suède et Norvège. — La douleur d'une femme, par Mme Flygare Carlen.
   — 1881, mars, 125-39.
Jalouse après la mort, par Mme Flygare Carlen. — 1883, septembre,
   125-44.
Le destin d'une hirondelle, par Daniel Fallstrom, traduit par X. Marmier. — 1883, octobre, 435-40.
La saga de Gunnlaug Ormstunga, par Jules Leclercq. — 1893, octobre,
   243-54.
La saga de Fridthjof le Hardi, par Jules Leclercq. — 1893, mai, 49-62.
La saga de Thorstein, fils de Viking, par J. Leclercq.— 1893, mars, 29-56.
La Saga de Hrafnkell, prêtre de Thor, par J. Leclercq. — 1888, février,
   301-21.
La Saga des alliés, par J. Leclercq. —1888, avril, 325-48.
Henry Sienkiewicz, par C. Courrière. — 1901, mars, 5-22.

Hollande. — Un ami de Van Dyck, par Alfred Michiels. — 1882, janvier,
   185-200.
Le mariage de Juffrow Van Loo, par Anna Eichberg King. — 1896, décembre, 285.
L'illustre de Keyser, par Anna Eichberg King. — 1896, décembre,
   315-41.

Danemark. — Le Miroir, par Xavier Marmier. — 1882, novembre, 115-28.

6. Littérature de l'Italie.

Biographie. — Benvenuto Cellini, par O. S. — 1881, mai, 69-113.
Antoine Panizzi, par A. V. — 1881, juin, 375-403.
Galilée et les jésuites. — 1886, octobre, 437.
Le dernier tribun. — 1888, octobre, 229-50.
Le comte de Cavour : ses lettres, son journal, par A. de Viguerie. —
   1889, avril, 233-71.
L'Epopée et Camoëns; Emmanuel Pinheiro Chagas. — 1895, juillet,
   115-60.

Généralités. — Histoire de la vie privée à Venise. — 1880, mai, 251.
L'Idéalisme et la littérature, par Nicolo Gallo. — 1880, octobre, 531.
Course en Italie, croquis et sonnets de voyageur, par Carle de Rash. —
   1883, janvier, 57-74.

La villa d'Horace, par G. D. — 1885, décembre, 415-26.

Il suicido (le suicide), par A. L. — 1880, mars, 177-81.

Un imprimeur du XVIᵉ siècle, par G. d'Orcet. — 1887, août, 293-319.

Fille à marier, par Salvatore Farina. — 1885, avril, 333-80; mai, 33-81 ; juin, 325-74 ; juillet, 21-83 ; août, 435-62.

Un nouveau livre du père Curci. Un artiste français au Vatican. Une fresque de Fra-Angelico. La grande Grèce, par Lenormand. — 1881, janvier, 276.

Romans, contes et nouvelles. — Bal (un) dans un monastère toscan, par M. Pratesi. — 1880, octobre, 399-421.

Fontaine (la) de Beauté, par Xavier Marmier. — 1887, juin, 465-71.

Giannetto, par Fanny Heath. — 1880, juillet, 117-51 ; août, 435-62.

7. Littérature de la Grèce.

Histoire de la belle princesse grecque, par X. Marmier. — 1883, décembre, 361-64.

La fable grecque dans les contes mongols, par X. Marmier. — 1886, avril, 385-98.

Correspondances d'Orient. — *Passim*.

8. Littérature de l'Espagne, du Portugal et de la Suisse.

Les Chants populaires de l'Espagne, par Achille Fouquier. — 1881, janvier, 167-217.

Le Christ à la tête de mort, par Gustave-Adolphe Becquer. — 1880, avril, 377-96 ; mai, 117-142.

Dona Perfecta. — 1880, novembre, 125-46.

La Rose de la Passion. — 1882, avril, 389-98.

Don José Zorilla et don Juan Tenorio, drame en deux parties. — 1882, mai, 91-126 ; juin, 423-67.

Le diplomate romancier (Juan Valera), par Desconocid. — 1882, août, 373-88.

Perez Galdoz et son œuvre, par Arsène Arüss.— 1882, décembre, 413-29.

Athénées et conférences littéraires en Espagne, par J.-G. Magnabal. 1883, janvier, 183-192.

La Gaspilleuse, par A.-P. de Alarcon, traduit par Arsène Arüss. — 1883, mars, 75-95 ; avril, 359-78 ; mai, 67-85 ; juin, 375-408 ; juillet, 115-36 ; août, 397-426.

La littérature moderne en Espagne. — 1884, novembre, 5-38.

A Torrijos, par José Gaston y Perez. — 1885, novembre, 105-12.

Regenta (la), roman de Léopold Alas, par G. de Frézals. — 1886, septembre, 139-51.

Don José le Cessante, par Achille Fouquier. — 1886, décembre, 356-61.

Pedro Sanchez, par D. José Maria de Pereda. — 1887, janvier, 41-88 :

février, 339-83 ; mars, 69-103 ; avril, 309-46 ; mai, 141-78 ; juin, 375-439 ;
juillet, 113-59.

Un militaire espagnol au temps de Philippe IV et de Charles II, par
Alfred Morel-Fatio. — 1888, octobre, 299-314.

Le poignard du Goth, drame en un acte. — 1888, novembre, 3-30.

Mon jardin, par G. de Thuisy. — 1889, juillet, 71-82.

José Zorilla, par Norbert Lallié. — 1893, juillet, 3-60.

Les poètes mystiques du Portugal, par Émile Eude. — 1893, août,
373-416.

Joaquim de Araujo, par H. Faure. — 1896, novembre, 139-46.

La Fête-Dieu à Lisbonne, par H. Faure. — 1897, juillet, 91-98.

Don R. Perez Galdos et le roman espagnol contemporain, par Pierre
Ville. — 1899, mai, 71-92.

9. Littérature de la Russie et des pays slaves.

Question polonaise ; polémique des Etats européens à ce sujet. — 1880,
janvier, 211.

Portrait du Kurde Obeidoullah. — 1881, janvier, 256.

Les Cosaques, scènes de frontière au Caucase, par Tolstoï. — 1882,
janvier, 113.

Dostoiefsky. Scènes du bagne en Sibérie, par V. Rouslanc. — 1882,
mai, 127-72.

Poètes paysans russes, par S. Arnaud. — 1882, juin, 323-41.

Le Décoré. — 1883, mai, 145-81.

Le 14 mai. — 1883, juillet, 59-92.

L'Epoux de la Djinn, par G. d'Orcet. — 1883, août, 427-59.

Un suicide au village, par Félix Tastevin. — 1884, mai, 95-113.

La science et la censure en Russie. — 1884, septembre, 212.

Un village de province, par C. Courrière. — 1885, septembre, 97-144.

Esquisse au charbon, scènes de la vie polonaise, de Sienkiewicz, trad.
par Wik. — 1885, octobre, 265-322.

La Bulgarie, par G. d'Orcet. — 1885, novembre, 3-39.

Kojata, par X. Marmier. — 1886, août, 350-60.

Chatym, par X. Marmier. — 1886, juillet, 344-50.

Le Juif de Lubartow, par Ad. Szymanski. — 1886, décembre, 362-72.

Les brigands de Sibérie, par Korolenko. — 1887, décembre, 341-86.

L'arbre du Juif, par Rosegger. — 1888, décembre, 285-93.

Le paysage à double aspect, par Stockton. — 1888, décembre, 294-307.

La reine des Bulgares, par Ernest Faligan. — 1889, janvier, 3-71 ;
février, 243-310 ; mars, 107-38 ; avril, 273-313 ; mai, 33-82 ; juin,
263-314.

Un soldat, par Ostoja. — 1889, août, 397-400.

Un romancier polonais, par A. V. — 1890, avril, 281-303.

Trois fiancées pour un peintre, par Henry Sienkiewicz. — 1890, mai,
99-128 ; juin, 279-310.

Michaïla Savelitsch le cuisinier, par Adolph Erich. — 1892, janvier,
21-34.
Le Rêve de Makar, par Wladimir Korolenko. — 1895, décembre, 274.
La littérature hongroise, par J. Kant. — 1896, mai, 5-26.
Un drame passionnel au pôle, par A. Ossipoff. — 1899, mai, 33-73.
La lutte, par A.-V. Sterne. — 1899, juillet, 91-112.
L'évolution musulmane, par G. d'Orcet. — 1899, juin, 161-84.
Le sultan Abdul-Hamid. — 1900, juin, 185-94.
Le drame de la Niania, par B. — 1900, août, 239-58.
Une vie de province dans l'ancienne Russie, d'après Mlle Kohanowski,
trad. par M. Incontri. — 1901, juillet, 85-125.

10. Turquie, Asie.

Un journal turc à Naples. — 1880, janvier, 232.
Mariette Bey. — 1881, février, 543.
Les chants tsernogoriens, par C. Courrière. — 1881, mai, 115-44.
Une Galatée japonaise, par H. T. — 1882, janvier, 96-111.
Les odeurs et les bruits de l'Inde, par Geo. S. — 1882, août, 359-71.
Maximes chinoises. — 1882, décembre, 386 ; 1883, janvier, 118.
Deux contes turcs, par X. Marmier. — 1883, décembre, 352-64.
Une vision de Méhémet Aly, par Achille Fouquier. — 1884, mars, 169-72.
La ville chinoise de San-Francisco, par O. S. — 1886, août, 321-33.
La légende du premier Inca, par le vicomte Saint-Genis. — 1886, août,
333-343.
Les dangers de la grandeur, par X. Marmier. — 1886, décembre, 312.
La Dracona, par Grasset d'Orcet. — 1886, décembre, 334-55.
Une comédie persane, par Ivan Orsolle. — 1887, janvier, 5-40.
Lalla Roukh, poème oriental de Thomas Moore, traduit de l'anglais
par Amédée Pichot. — 1887, mars, 5-67 ; avril, 285-308 ; mai, 63-110.
La paix de Belgrade, par Grasset d'Orcet. — 1887, mars, 131-55.
Tourguenief et sa famille, par C. Courrière. — 1889, novembre, 85-102.
Le théâtre au Japon, par Motoyosi Saizau. — 1894, février, 377-411.
La poésie au Japon, par Motoyosi Saizau. — 1894, mai, 127-43.
La poésie en Extrême-Orient, par Motoyosi Saizau. — 1895, mai,
119-54.
Un roman anglo-indien : A la surface des eaux, de miss F.-A. Steel, par
J. Teincey. — 1900, janvier, 85-106.
Le roman anglo-indien, par J. Teincey. — 1900, mai, 63-78.
La littérature arménienne, par P. Anméghian. — 1901, octobre, 229-37.
Djohore, par Léon Charpentier. — 1901, novembre, 75-88.

11. Afrique.

Au pays des Ba-Ronga (baie de Delagoa), par A. Savine. — 1899, août,
179-239.

Une romancière afrikander : Mme Olive Schreiner Crown Wright, par Albert Savine. — 1900, septembre, 29-54 ; octobre, 241-80.
Les fermes d'élevage au Cap : Boërs et Afrikanders, par O. Sachot. — 1900, novembre, 5-34.

12. Amérique.

La Société américaine d'après le roman, par Old Nick junior. — 1883, mai, 35-55.
L'été dans mon jardin. — 1884, août, 249-310.
Le café des exilés, récit de mœurs créoles, par W. Cable. — 1884, septembre, 131-57.
Le théâtre chinois en Amérique. — 1885, février, 459-88.
Kaléidoscope, impressions variées de six voyageurs aux Etats-Unis, par H.-J. James. — 1885, mai, 103-33.
La presse américaine, par un journaliste anglais, Théodore Child, traduit par A. V. — 1886, janvier, 5-24.
La fête des arbres aux Etats-Unis. — 1886, juin, 456.
Les poètes américains, par A. de Viguerie. — 1887, janvier, 145-82.
Maud Muller, par J. Greenleaf Whittier. — 1887, janvier, 183-86.
Le duel parlementaire en Amérique, par S. — 1887, août, 413-27.
Un poète américain : John Greenleaf Whittier, par J. Teincey. — 1899, septembre, 5-24.
Les pirates des Philippines. — 1899, novembre, 97-112.
Un romancier américain : James Lane Allen, par J. Teincey. — 1899, septembre, 69-102.
Washington Irving, par A. Schalck de la Faverie. — 1901, mai, 43-52.
Henri Wadsworth Longfellow, par A. Schalck de la Faverie. — 1901, juin, 247.

13. Océanie.

Un romancier australien, par A. V. — 1884, juin, 377-92.
Le centenaire de la colonie de la Nouvelle-Galles du Sud. — 1886, décembre, 472.
Un poème australien, le War-Atah de Lucien Henry, par Claudius de La Verrière. — 1894, novembre, 121-29.

VI

HISTOIRE. GÉOGRAPHIE. VOYAGES.

1. Histoire universelle, géographie générale, voyages et circumnavigation. —
2. Europe. — 3. France. — 4. Angleterre. — 5. Allemagne, Autriche, Hongrie. — 6. Belgique, Hollande, Suède, Norvège, Danemark. — 7. Espagne,
Portugal. — 8. Italie. — 9. Grèce. — 10. Russie, Pologne. — 11. Empire
ottoman. — 12. Asie. — 13. Afrique. — 14. Amérique. — 15. Océanie, îles
diverses.

1. Histoire universelle, géographie générale.

Histoire universelle. — Le César de Fronde, par G. d'Orcet. — 1880,
mars, 5-48.

Les nationalités au Canada. — 1882, octobre, 561.

L'élection du maréchal Bernadotte au trône de Suède, par Henry G.
Russell. — 1883, juillet, 93-114.

Le culte des morts chez les races latines, par Gustave Cane. — 1883,
novembre, 23-42.

La papauté et les puissances protestantes, par G. d'Orcet. — 1885,
octobre, 323-48.

Galilée et les Jésuites. — 1886, octobre, 437.

La féodalité et le pouvoir royal, par le comte J. Roselli. — 1887, mai,
179-206.

Le péril radical, par Stradella. — 1887, octobre, 249-83.

Un Etat chrétien au XIXᵉ siècle, par L. de Chauvigny. — 1888, juillet,
5-21.

L'île de Sainte-Hélène. — 1889, avril, 429.

Latins et Teutons, par H. Faure. — 1892, octobre, 221-64.

Le compétiteur de Christophe Colomb. — 1892, novembre, 137-51.

Le referendum communal, brochure par Robert de la Sizeranne.— 1893,
juillet, 184.

La légende napoléonienne à l'étranger, par Fernand Giraudeau. — 1894,
avril, 371-404.

Les représentants du peuple en mission près les armées (1791-97), par
P. de Letz. — 1898, janvier, 99-116.

La guerre possible. — 1898, avril, 243-54.

L'impérialisme romain. Le régime militaire et la liberté. — 1898,
août, 158-75.

L'Angleterre pendant la Révolution française, par Léon Bouguenet. — 1899, février, 161-95.

La décadence des anciennes classes dirigeantes et le suffrage universel, par G. d'Orcet. — 1899, mars, 39-64.

Mme Pardo Bazan à Paris, par Jean Teincey. — 1899, mai, 145-50.

Le désarmement et l'arbitrage ; la Conférence de la Haye, par G. O. — 1899, août, 222-44.

La domination européenne et ses chances d'avenir en Extrême-Orient. — 1900, novembre, 31-68.

Marmontel et la Révolution française, par E. Meyer.— 1901, septembre, 47-83.

Géographie générale. — Statistique de la population de la terre, les races qui s'éteignent. — 1880, novembre, 227.

Faits géographiques. — 1882, mars, 203.

La conférence internationale du méridien initial. — 1883, mars, 190.

L'orthographe géographique. — 1883, août, 544.

La Société géographique de Londres et la Nouvelle-Guinée. — 1883, août, 546.

Conférences de la Société de géographie. — 1884, février, 563.

Mœurs du moyen âge ; voyages ; pèlerinages. — 1885, août, 379-95.

La géographie sous-marine. — 1886, décembre, 464.

Le pôle Sud, par O. S. — 1891, juin, 301-30.

Le lieu d'origine et d'émergence des grandes épidémies cholériques.— 1892, décembre, 428.

La question crétoise, par G. T. — 1901, juillet, 127-49.

Une captivité au Maroc (1897-98), par Albert Savine. — 1901, juillet, 49-83.

Le voyage du tzar et la duplice, par H. G. — 1901, septembre, 140-43.

Voyages et circumnavigation. — Voyage à la mer polaire, par sir Georges Nares. — 1880, janvier, 249.

Les voyages d'explorations : le Soudan, l'Afrique centrale, les sources du Niger, l'Australie intérieure, la Guyane et les Andes, la mer glaciale et la Sibérie septentrionale. — 1880, février, 480.

Les collections de l'expédition Nordenskiold ; la médaille Wollaston ; la concurrence du Danemark. — 1880, mars, 190.

Exploration au Groënland. — 1880, mars, 193.

Expédition au pôle en ballon. — 1880, mars, 234.

Le passage Nord-Est, par O. S. — 1880, avril, 289-317.

Voyage au pôle Nord; M. Nordenskiold à Paris.— 1880, avril, 433.

Exploration de l'Yucatan.— 1880, avril, 446.

Une expédition antarctique. — 1880, septembre, 183.

Expéditions scientifiques et explorations nouvelles.— 1881, juin, 542.

L'expédition arctique de la Jeannette. — 1881, septembre, 227 ; 1882, mars, 202.

Exploration au Groënland. — 1883, mars, 192.

Exploration à la Terre de feu. — 1883, mai, 207.

La conférence polaire internationale. — 1884, juin, 479.

Les missions scientifiques aux régions arctiques ; courses en patins à neige : les Lapons. — 1884, juillet, 181.

Le roi des Iles Sandwich, par A.-Jacques Ballieu. — 1889, novembre, 129-37.

Deux petites capitales, par Xavier Marmier. — 1890, avril, 357-65.

Une nouvelle expédition au pôle Nord. — 1891, janvier, 152.

Expédition projetée au pôle Nord et au pôle Sud. — 1894, avril, 453.

Les expéditions scientifiques. — 1894, septembre, 161.

Les expéditions au pôle Sud et au pôle Nord. — 1896, juin, 412.

Nouvelle expédition polaire arctique ; retour de l'expédition Nansen. — 1896, septembre, 145.

Une nouvelle expédition arctique. — 1897, novembre, 123.

Exploration arctique. — 1897, juin, 283.

Les régions centrales de l'Océan Atlantique, par G. d'Orcet. — 1898, mai, 103-26.

2. Europe.

Nouvelles du protectorat de la Palestine ; intervention de Gambetta et de Jules Ferry. — 1880, janvier, 220.

Polémique des États européens au sujet de la question polonaise. — 1880, janvier, 211.

Conflit des Monténégrins et des Albanais. — 1880, janvier, 219.

Une excursion en traîneaux à rennes au pays des Lapons, par O. S. — 1880, octobre, 217-310.

Les paysans, la question agraire et la commune en Russie, par C. Courrière. — 1882, octobre, 345-72.

La piraterie musulmane dans la Méditerranée, par G. d'Orcet. — 1882, décembre, 329-52.

Le Tonkin, la Chine et l'Angleterre, par G. d'Orcet. — 1883, juillet, 137-64.

Les pionniers de l'Europe et le Yunnan ; Colquhoun, par Grasset d'Orcet. — 1883, août, 461-502 ; septembre, 83-124; octobre, 369-404; novembre, 115-55 ; décembre, 279-318.

Don Juan d'Autriche ; fragments de l'histoire du XVIᵉ siècle (1547-1578), par A. de Viguerie. — 1883, octobre, 249-88.

L'armement contre la Russie, par A. V. — 1885, juillet, 115-33.

Mes mémoires intimes ; l'expédition espagnole en Italie, par G. d'Orcet. — 1889, août, 225-58.

La dépression aralo-caspienne, par P. de Tchihatchef. — 1890, février, 279-306.

Vue générale de l'histoire politique de l'Europe, par G. d'Orcet. — 1890, mai, 5-32.

Luther et la réforme, par le comte J. Boselli. — 1890, juin, 217-54.

A propos des portraits de Christophe Colomb. — 1892, septembre, 50-52.

La France et l'Italie devant l'histoire. — 1893, septembre, 28.

Le roman d'une tzarine au XVIIIe siècle, par Hephell. — 1893, octobre, 209-42.

Les armements politiques, par O. S. — 1894, juin, 217-53.

M. Talleyrand et l'indépendance de la Belgique (1830-33), par P. Dutasta. — 1894, juin, 291-312 ; juillet, 95-118.

De l'éléphant à Mousseaux, par le baron D. de Noirmont. — 1895, octobre, 225-89.

Napoléon et Alexandre en 1812, par G. d'Orcet. — 1896, juin, 357-80.

Dernière campagne du yacht la Princesse Alice aux Açores. — 1896, juin, 410.

Les conventions de Prétoria et de Londres, par D. Rouire. — 1896, octobre, 355-74.

La réaction catholique en Europe, par R. de Kérallain. — 1896, novembre, 5-33.

La fin d'une race ; un espion d'autrefois, par E. Rodocanachi. — 1898, janvier, 5-30.

Grandeur et décadence d'un héros : le duc de Brunswick, par Lacroix. — 1898, juillet, 25-48.

La guerre future et le désarmement, par C. Courrière. — 1898, novembre, 5-241.

Ango et ses pilotes, par Eugène Guénin. — 1901, février, 187-215; mars, 237.

Une chronique castillane du XVe siècle, par Albert Savine. — 1901, avril, 201-42.

Le siècle des explorations, par G. T. — 1901, octobre, 239-47.

La découverte du Mississipi, par Eugène Guénin. — 1901, octobre, 249-60.

3. France.

ETUDES GÉNÉRALES. — Mémoires de Mme de Rémusat, par son petit-fils. — 1880, janvier, 248.

Politique de M. Freycinet ; une leçon au pouvoir. — 1880, janvier, 245.

Un ministère de parade ; la tribune française vengée, par J. Simon et Dufaure. — 1880, mars, 243.

Deux ans dans le pays des épices. — 1880, mars, 256.

Elections académiques ; Maxime Du Camp et Labiche ; un prix Montyon à décerner. — 1880, mars, 245.

Les missions catholiques orientales et la politique, par J. Ferry. — 1880, avril, 457.

Déluge épistolaire ; la lettre du prince Napoléon ; les lettres des évêques ; le spectre des Jésuites. — 1880, avril, 499.

Les congrégations jugées par V. Hugo. — 1880, avril, 494.

Le salon Turquet ; un général courtisan ; vente de la collection Maherault ; l'œuvre de Moreau le jeune. — 1880, mai, 264.

Gâchis politique ; un ambassadeur de la République en Angleterre :

souvenirs du Directoire : les belles années de M. de Talleyrand. —
1880, juin, 506.

Les plagiaires du passé; conférences de J. Favre. — 1880, juillet, 275.

Renouvellement des conseils généraux ; expulsions et tolérances ; incon-
séquences gouvernementales. — 1880, août, 570.

Discours de M. Robert Mitchell à Brassac; la presse de trottoir. —1880,
septembre, 249.

Le nouveau ministère ; prédiction de M. Thiers ; les scandales. — 1880,
octobre, 548.

Les héritiers de la Commune ; diversion; cri séditieux. — 1880, novembre, 298.

L'art de parvenir en politique, défini par M. Rochefort ; la Conquête
de la Hollande, par M. Havard. — 1880, décembre, 553.

Un mariage d'amour historique, par A. V. — 1881, janvier, 149-166.

Renouvellement du corps municipal. — 1881, janvier, 303.

Décapitalisation de Paris; un jugement de Cour d'appel, affaire Scribe ;
une vente d'antiquités grecques. — 1881, février, 598.

Encore des bombes ; les responsabilités; un conseil municipal à mettre
en musique. — 1881, mars, 290.

Les missions françaises du Soudan. — 1881, avril, 499.

La question tunisienne : Delenda Carthago ; les impedimenta du parlementarisme. — 1881, avril, 555.

L'expédition en Tunisie ; campagne électorale. — 1881, mai, 329.

Rejet définitif du scrutin de liste ; la révision de la Constitution sera
la plateforme des prochaines élections ; le gouvernement civil de
l'Algérie. — 1881, juillet, 613.

Paris et Sahara : la prise de la Bastille et de Bou-Amena ; le directeur
des travaux de la ville et la sécheresse. — 1881, juillet, 301.

Les prophètes littéraires, Victorien Sardou et André Chénier; la nouvelle législature ; candidats et professions de foi. — 1881, août, 568.

Aggravation de la situation en Afrique ; campagne antimilitaire et
antipatriotique de l'opposition. — 1881, septembre, 290.

Le Gâchis ; le ministère Gambetta. — 1881, octobre, 591.

Le grand ministère ; la guerre à Dieu. — 1881, novembre, 260.

Le comte de Circourt, par A. V. — 1881, décembre, 317-342.

La compagnie des Indes et l'Enfida ; la diplomatie française ; nécrolo-
gies : le comte de Circourt, Ant. de Latour, le comte de Nugent. —
1881, décembre, 529.

La révision et le congrès ; le parlementarisme et l'empereur Guillaume ; moyens de gouverner. — 1882, janvier, 279.

La chute du grand ministère ; le spectre de la dictature et le spectre de
la guerre ; le triomphe du matérialisme; les affaires de Tunisie. —
1882, février, 554.

L'anniversaire du 18 mars ; les mandataires de la Commune au pouvoir; cause véritable de la chute de M. Gambetta. — 1882, mars,
263.

Louis XV et Elisabeth de Russie, par G. d'Orcet. — 1882, avril, 281-318.

Récente circulaire du ministre des affaires étrangères ; Grévy, Freycinet et Cⁱᵉ. — 1882, avril, 558.

Demi-mesures du ministère ; évolutions fantaisistes de la majorité ; pas de maitre et pas de méthode ; légende du mécanicien Grisel. — 1882, mai, 315.

La bataille de Boulogne, ou comment Calais est redevenu anglais, par G. d'Orcet. — 1882, juin, 469-507.

Déchéance de la France ; députés en vacances. — 1882, juin, 601.

Nos alliances ; langage d'un homme d'Etat ; Alexandre Dumas et les recrues de la République. — 1882, juillet, 272.

Marie-Josèphe Bonnier, duchesse de Chaulnes. — 1882, août, 415-30.

Monaco l'été, par A. V. — 1882, août, 447-52.

Armées démocratiques et improvisées ; république de tolérance. — 1882, septembre, 255.

Les paysans, la question agraire et la Commune en Russie, par C. Courrière. — 1882, octobre, 345-72.

Le bulletin des lois et la prime à l'émeute ; bouquet de victimes. — 1882, octobre, 624.

L'association africaine et les intérêts français sur le Congo. — 1882, octobre, 549.

Les rentrées ; bonheur d'un procureur général et malheur d'un chef de cabinet ; les pionniers d'Afrique. — 1882, novembre, 304.

La Côte-d'Or et ses monuments druidiques, par G. d'Orcet. — 1882, novembre, 165-208.

Le bilan de la République et le bilan de la France ; opinion de la presse étrangère. — 1882, décembre, 544.

Senancour d'après des documents inédits, par H. Bonhomme. — 1882, novembre, 209-30.

Nécrologie : M. Auguste Cherbonneau. — 1883, janvier, 208.

Lever de rideau de l'année 1883 ; manifeste du prince Napoléon. — 1883, janvier, 251.

Les Napoléons. — 1883, février, 269-303.

La famille d'Orléans, par M. W. — 1883, février, 306-15.

La vie privée du cardinal Mazarin, par A. V. — 1883, mars, 43-74.

La conférence internationale du méridien initial. — 1883, mars, 190.

Doctrines évolutionnistes : nos ancêtres. — 1883, mars, 203.

Réception par M. Grévy des délégués de la rue du Sentier et de ceux de l'Esplanade des Invalides ; émeutiers au pouvoir. — 1883, mars, 246.

Les pseudo-autoritaires du ministère ; incident Galliffet ; le discours de la Sorbonne et l'enseignement civique. — 1883, avril, 546.

La France en 1883, Dieu, Patrie, Liberté, par J. Simon, trad. de A. de Viguerie. — 1883, mai, 5-33.

Nos économistes ; la conversion de la rente et la question financière ; le budget de 1884 ; la triple alliance ; politique étrangère et intérieure. — 1883, mai, 293.

La Martinique sous le gouvernement de M. le contre-amiral Bruat (1848 à 1850), par Rufz de Lavison. — 1883, juin, 447-80.

Les Pavillons noirs du quai d'Orsay. — 1883, juin, 578.

La duchesse d'Abrantès. — 1883, juillet, 37-58.

Trophées sanglants ; 50 millions pour les juifs. — 1883, juillet, 252.

Un ministère d'affaires ; le journalisme en Espagne. — 1883, août, 339.

Elections des conseils généraux ; interprétation du suffrage universel. — 1883, août, 620.

Le « Clair de lune » de Rivarol et son groupe, par Honoré Bonhomme. — 1883, septembre, 145-72.

Mort du comte de Chambord ; *Sursum corda*. — 1883, septembre, 231.

Diversion au ministère ; conversion de M. J. Ferry ; le collège de Juilly ; l'histoire des animaux d'Aristote et sa psychologie. — 1883, octobre, 521.

La Morale laïque de M. Ferry, et la vérité selon Challemel ; mort d'Emile Forgues ; les poésies de Catulle. — 1883, novembre, 213.

Le ministère des affaires étrangères en France. — 1883, décembre, 365-88.

Impuissance de la logique radicale ; le suffrage universel, suffrage d'une minorité. — 1883, décembre, 481.

Le Congrès de Châtillon, le droit divin et la restauration. — 1883, décembre, 389-418.

L'expédition au cap Horn. — 1883, décembre, 125.

Laplace et ses biographes. — 1883, décembre, 132.

Rappel de manifeste ; la situation : M. de Maupas et le coup d'Etat. — 1884, janvier, 262.

Un chevalier errant au XVII\` siècle, par A. V. — 1884, février, 655-78.

Impuissance du parlementarisme. — 1884, février, 621.

Mission française au cap Horn. — 1884, février, 464.

La politique des intérêts et le discours de M. de Bismark ; mort du comte Ludovic d'Arlincourt, l'inventeur des relais télégraphiques. — 1884, mars, 247.

Les axiomes républicains ; organisation militaire. — 1884, avril, 557.

Le chevalier de Pougens, par Honoré Bonhomme. — 1885, mai, 69-93.

Le traité de Tien-Tsin ; élections municipales ; fin de l'opportunisme. — 1884, mai, 259.

Trois cours républicaines : Thiers, Mac-Mahon, Grévy. — 1884, juin, 329-50.

Stratégie parlementaire du général Campenon ; une révolution en Belgique. — 1884, juin, 358.

Conditions d'une constitution démocratique, par Charles Beauquier. — 1884, juin, 437-58.

Politique étrangère de l'Angleterre. — 1884, juin, 459-69.

La fête du 14 juillet ; exode des Parisiens ; le lyrisme des journaux républicains ; les bataillons scolaires et les ligues de patriotes. — 1884, juillet, 229.

Les constitutions et les opinions successives ; l'œuvre du congrès, coups de soleil et coups d'Etat ; Cromwell, Bonaparte, J. Ferry. — 1884, août, 513.

Les catholiques et les libéraux en Belgique ; la revanche de Waterloo à l'exposition agricole d'Amsterdam. — 1884, septembre, 271.

L'an XV de la république ; le bilan du régime, d'après Ed. About. — 1884, octobre, 578.

Le Comité international des poids et mesures. — 1884, novembre, 208.

Le premier magistrat de France ; le président du Conseil, le ministre de l'intérieur. — 1884, novembre, 258.

Note d'un diplomate anglais sur la France. — 1884, décembre, 483-94.

Le pouvoir personnel de M. J. Ferry ; la prochaine révision. — 1884, décembre, 585.

Les étrennes de Jules Ferry à la France. — 1885, janvier, 317.

Le comte Pacha de Bonneval d'après de nouveaux documents, par Honoré Bonhomme. — 1885, février, 403-28.

Rentrée en scène de la Commune ; apothéose de Jules Vallès et Jules Ferry ; l'âge d'or de la rue. — 1885, février, 563.

Les voyageurs français, par X. Marmier. — 1885, mars, 35-78.

Approche des élections générales ; tactique du gouvernement. — 1885, mars, 287.

M. Jules Ferry et ses amis, par A. de Viguerie. — 1885, avril, 312-32.

La France et la presse au XVIIIᵉ siècle, par Napoléon Ney. — 1885, avril, 427-55.

La paix de paravent ; bonne foi des Chinois. — 1885, avril, 522.

Remise en marche de la machine républicaine. — 1885, mai, 274.

Au retour d'un voyage, Calais, par Xavier Marmier. — 1885, juin, 297-333.

La ligue des neutres, par G. d'Orcet. — 1885, juin, 405-33.

Obsèques nationales : V. Hugo, l'amiral Courbet, le maréchal Lannes. — 1885, juin, 537.

Les tribuns en tournées électorales ; position défensive des conservateurs ; la statue de Chanzy ; la forme de la charité. — 1885, août, 514.

M. de Freycinet et le général Bourbaki ; le livre d'un officier d'ordonnance ; impressions de voyage d'un bibliographe juif. — 1885, juillet, 235.

Période électorale ; une chambre d'affaires, S. V. P. — 1885, septembre, 211.

La papauté et les puissances protestantes, par G. d'Orcet. — 1885, octobre, 323.

La voix du peuple ; quel est le sens des élections. — 1885, octobre, 484.

Un illuminé de la fin du XVIIIᵉ siècle, par H. Bonhomme. — 1885, novembre, 115-39.

Agonie de la République ; éloquence présidentielle ; le prince de Hohenlohe et l'Alsace ; le rôle des conservateurs. — 1885, novembre, 257.

Évacuation du Tonkin ; le président Grévy. — 1885, décembre, 518.

Remise à neuf de la République ; les ministres de la guerre et de la marine : envoi de M. Paul Bert au Tonkin. — 1886, janvier, 22.

Les salons de Mme Necker et de Mme Récamier, par A. de Viguerie. —
1886, février, 337.
Le 14 juillet et M. Watrin ; les victimes de décembre et de Decazeville.
— 1886, février, 402.
L'anniversaire du 18 mars ; le cabinet de la crosse en l'air. — 1886,
mars, 262.
La guerre religieuse: lettre du cardinal Guibert et discours catholiques
au parlement. — 1886, avril, 536.
Encore l'expulsion des princes ; M. Grévy chez le comte de Paris.
— 1886, mai, 230.
Harrar et Obock, par Denis de Rivoyre. — 1886, mai, 135-63.
Mission du duc de Nivernais à Londres (1762-63), par A. Soulange-Bo-
din. — 1886, juin, 335-67.
Expulsion des princes. — 1886, juin, 506.
Le général Boulanger ; M. Clémenceau. — 1886, juillet, 258.
Ventes de grands seigneurs. Ferry et Goblet. — 1886, août, 186.
La censure théâtrale en 1751. — 1886, septembre, 152.
La rentrée ; les vrais conservateurs : MM. Raoul Duval et Dugué de
la Fauconnerie. — 1886, septembre, 241.
La cour de Sceaux, ses hôtes, ses familiers, par H. Bonhomme. — 1886,
octobre, 351-73.
Discours de M. de Freycinet ; les deux armées. — 1886, octobre, 487.
Le manifeste de M. Raoul Duval jugé par l'*Intransigeant*; de quel côté
l'obstruction. — 1886, novembre, 232.
La rade de Saint-Jean-de-Luz. — 1886, décembre, 163.
L'usurpation parlementaire ; M. Raoul Duval et le comte de Paris ; la
guerre et le général Boulanger. — 1886, décembre, 552.
La guerre ; le progrès ; le désarmement ; les incendiaires. — 1887, jan-
vier, 259.
Le mérite maternel ; antagonisme dans la Chambre. — 1887, janvier,
264.
Solutions de questions sociales, par Stradella. — 1887, février, 293-328.
Manœuvres électorales, affaires indéterminées. — 1887, février, 542.
A propos de la rage ; la fiancée d'un condamné à mort. — 1887, fé-
vrier, 547.
M. Taine et Napoléon Bonaparte. — 1887, mars, 243.
Nos astronomes ; le cas de M. Taine ; les chiens du bookmaker. —
1887, mars, 246.
Les élections et le régime parlementaire. — 1887, avril, 135.
Une économie à faire : celle des députés. — 1887, avril, 521.
Un tribunal qui s'amuse ; Pranzini ; une anthologie. — 1887, avril, 525.
La crise ; impasse électorale ; indiscrétions diplomatiques. — 1887,
mai, 293.
La chute du général Boulanger ; la véritable cause de la crise ; mas-
ques et visages. — 1887, juin, 578.
L'agence mobilière et l'ours Martin ; Offenbach et son prophète. — 1887,
juin, 588.

Le cabinet Rouvier ; déconvenues radicales. — 1887, juillet, 255.

La méthode de colonisation de la France et de l'Angleterre. — 1887, juillet, 200.

Les statues qui changent de noms ; fêtes du 14 juillet. — 1887, juillet, 258.

Discours de vacances ; l'Université et l'enseignement militaire. — 1887, août, 484.

L'infirmière laïque ; épées et pistolets. — 1887, août, 487.

La mobilisation militaire et la mobilisation parlementaire ; le général Boulanger major général ; manifeste du comte de Paris. — 1887, septembre, 218.

Le péril radical, par Stradella. — 1887, octobre, 249-83.

Bordeaux, par un touriste anglais. — 1887, octobre, 367-73.

La fin des vacances ; absence de gouvernement ; un ministre de la guerre civil et un président militaire. — 1887, octobre, 503.

La crise présidentielle, ministérielle et révolutionnaire. — 1887, novembre, 509.

Le peuple d'Israël selon l'évangile de M. Renan. — 1887, novembre, 238.

Le partage politique de l'Océanie, par J. Joubert. — 1887, novembre, 67-106.

La reculade ministérielle, présidentielle et révolutionnaire. — 1887, décembre, 509.

Restitutions internationales ; les cadavres de la Tosca. — 1887, décembre, 512.

La majesté du chef de l'État sous une monarchie et sous une république; la reine Victoria et le président Carnot. — 1888, janvier, 216.

M. Wilson absous. — 1888, janvier, 219.

La magistrature épurée ; la République. — 1888, février, 497.

Feu Bussy et M. Salvayre ; les auteurs de la Neuvaine de Colette. — 1888, février, 500.

L'affolement ; la révision. — 1888, mars, 235.

A l'exposition; le sauvage de Fontainebleau ; pourquoi Barnum vient en Europe. — 1888, mars, 238.

Le gouvernement plébiscitaire; les vrais auteurs de la crise. — 1888, avril, 429.

La situation politique de la France en 1888. — 1888, avril, 473.

La nation armée et le vote de l'armée; le parti national de révision et de dissolution. — 1888, mai, 236.

Critique politique. — 1888, mai, 245 ; juin, 485.

La révision pour tous ; le spectre de l'étranger ; avènement d'un nouvel empereur d'Allemagne. — 1888, juin, 482.

Carnot. — 1888, juillet, 53-67.

Lois d'exil ; menaces de confiscation ; le cabinet prisonnier de la Commune. — 1888, juillet, 161.

La situation jugée par la République française ; M. Lockroy et les classiques officiels de l'instruction publique. — 1888, août, 390.

Les Anglais à Paris pendant la révolution. — 1888, septembre, 103-112.

M. de Marcère et la Constitution ; la concurrence Floquet. — 1888, septembre, 212.

La rentrée des Chambres. La concentration de la crainte. — 1888, octobre, 424.

Les joyaux de la couronne sous la Convention, le Directoire et le Consulat, par Germain Bapst. — 1888, novembre, 131-52.

Le procès de Nîmes. Le marquis de Breteuil. M. de Mun. - 1888, novembre, 219.

Deux pèlerinages : Lourdes et la Mecque. — 1888, novembre, 125-51.

Les faillites de la République parlementaire. Numa Gilly. Panama. Challemel. — 1888, décembre. 478.

Le Jacques de Shakespeare. — 1889, janvier, 207.

Les décapités parlants. Un cabinet Alphand. — 1889, février, 499.

Discours manifeste du général Boulanger. Le parti national. Les vaincus récalcitrants. Rentrée du duc d'Aumale. — 1889, mars, 211.

Exposition. Historique de la révolution. — 1889, avril, 272-314.

Un magistrat indépendant. Boulanger for ever. — 1889, avril, 481.

Souvenir d'un canonnier de l'armée d'Espagne, par G. Bapst. — 1889, mai, 397-425.

Autour de l'exposition. Le panorama de Jeanne d'Arc. — 1889, mai, 32.

Buffalo-Bill. — 1889, mai, 229.

Le pays des fées. — 1889, mai, 108.

La mission de Talleyrand à Londres pendant la révolution, par E. de Bonnal. — 1889, juin, 421-22.

Autour de l'exposition. Théâtres et cirques de société. La peinture de la tour Eiffel. — 1889, juin, 422-34.

Les soirées espagnoles au théâtre du Vaudeville. — 1889, juillet, 24.

Les gitanos de Grenade. — 1889, juillet, 70.

Le pavillon des forêts au Trocadéro. — 1889, juillet, 112.

Shakespeare. La haute cour et le procureur général.— 1889, juillet, 203.

Les fêtes espagnoles du Cirque d'hiver. — 1889, août, 296.

Le lendemain des élections. — 1889, septembre, 211.

Billet renouvelé. Rentrée des modérés. Sortie des royalistes. — 1889, octobre, 473.

La moralité. La république du Brésil. — 1889, novembre, 173.

Départ de Buffalo. — 1889, novembre, 8.

Un émule de Buffalo-Bill, par A. de Viguerie. — 1889, novembre, 9-66.

Les invalidations. Vieux arbres et vieilles laines. — 1889, décembre, 406.

Etapes et garnisons. Souvenirs d'un grenadier du 52e de ligne, par Laisnel de Lasalle. — 1890, janvier, 95-142.

M. Constant. Tout à la mobilisation. — 1890, janvier, 202.

Le Temple et la Conciergerie. Les futures élections municipales. — 1890, février, 423.

La race française. Le congrès socialiste. Le cabinet Freycinet. — 1890, mars, 204.

Poissons d'avril. Pantalons rouges. Qui sera le chef? Professions de
  foi. — 1890, avril, 415.
Une nouvelle incarnation du pouvoir personnel. — 1890, mai, 195.
Feu le comte de Pontmartin et M. Emile Ollivier, par G. d'Orcet. — 1890,
  juin, 331-40.
Gibraltar et son tunnel, par G. d'Orcet. — 1890, juillet, 5-18.
Les décorations du 14 juillet. — 1890, juillet, 190.
Progrès croissants de la colonisation en Algérie. — 1890, juillet, 135.
Discours en Sorbonne, réforme des études. — 1890, août, 404.
Pavé d'ours et coup de pied d'âne. — 1890, septembre, 211.
La réforme en France, d'après un auteur allemand, par le comte J. Boselli.
  — 1890, octobre, 363-96.
Retour des vacances. Une nouvelle république. M. Lavigerie. — 1890,
  novembre, 220.
La colonie anglaise à Cannes et sur le littoral méditerranéen, par Gas-
  ton Bonnefont. — 1891, janvier, 55-65.
L'alliance franco-russe, par C. Courrière. — 1891, janvier, 121-37.
Conférences de M. G. Bapst. — 1891, janvier, 167.
Pacification par le froid. — 1891, janvier, 206.
Les interviews du pape. Les cadavres récalcitrants. — 1891, février,
  408.
Le prince Napoléon. — 1891, mars, 192.
L'atelier de M. Chaplin. — 1891, avril, 368.
La basse Bretagne conteuse et légendaire, par Adrien Oudin. — 1891,
  juin, 347-71.
Le pacte de famine Louis XV et Ferdinand VI, par André Soulange. —
  1891, octobre, 237-82.
La guerre future entre la double et la triple alliance, par C. Courrière. —
  1892, janvier, 5-20.
L'exposition des cartes à la Bibliothèque nationale, par Emile Eude.
  — 1892, septembre, 39-49.
Le centenaire de la Savoie, par Emile Maison. — 1892, septembre,
  163-178.
Exposition d'animaux de basse-cour. — 1892, septembre, 130.
L'incendie du palais de Saint-Cloud, par Emile Eude. — 1892, septem-
  bre, 341-55.
Mme Cornu. — 1892, décembre, 479.
Les martyrs du 21 janvier 1793 et du 30 janvier 1649. Extrait des Arlé-
  siennes, par Amédée Pichot. — 1893, janvier, 5-8.
Napoléon et les femmes, par Frédéric Masson. — 1893, mars, 5-28.
Jour de naissance de Mme Alboni. — 1893, mars, 60.
Napoléon et son second mariage, par G. d'Orcet. — 1893, avril, 197-228.
Mémoires du chancelier Pasquier, par le comte de Malartic. — 1893,
  août, 233-81.
La cour des Miracles, gueux, tire-laine et bohémiens, par V. Fournel.
  — 1894, janvier, 151-207.
Les résultats du régime douanier. — 1894, février, 489.

Timbouktou, par le Dʳ Rouire. — 1894, mars, 219-31.

La population française d'après les professions. — 1894, mai, 144.

Un capitaine philosophe, par Lorédan Larchey. — 1894, juin, 313-48.

La duchesse d'Angoulême et les faux dauphins, par le comte d'Osmond. — 1894, juin, 387-92.

Les aventures d'un bluet. — 1894, juillet, 39-72.

De France en Angleterre à grande vitesse, par Mortimer d'Ocagne. — 1894, octobre, 411-15.

Margaridette, par G. d'Orcet. — 1894, novembre, 131-63.

Les promenades d'Arles, par P. B. — 1894, novembre, 166.

La sœur de Robespierre. — 1894, novembre, 212-45.

Les visiteurs de J.-J. Rousseau, par Hippolyte Buffenoir. — 1895, mars, 13-48 ; juin, 363-412.

Anciennes et nouvelles universités, par Y. — 1896, février, 349-58.

Une aventurière du grand monde, par C. Courrière. — 1896, mars, 91-119.

Mémoires de Philippe de Nevers, par G. d'Orcet. — 1896, mars, 121-46.

Pourquoi l'Angleterre n'entre pas dans la triple alliance. — 1896, avril, 399.

Un magistrat philosophe. Le président Dupaty, par Paul Bonnefon. — 1896, avril, 379-97 ; mai, 123-42.

L'École militaire et le Champ de Mars, par Marcel de Baillehache. — 1896, mai, 27-73.

La chambre à supprimer, par A. Q. — 1896, juin, 233-58.

La déclaration de fortune, par Ch. Beauquier. — 1896, août, 217-44.

Le maréchal de Saint-Arnaud en Crimée, par Bonnal de Ganges. — 1896, août, 257-66.

La suppression de l'impôt foncier et l'alcool, par J. Reinach. — 1896, septembre, 5-36.

Souvenirs d'un journaliste, par Octave Sachot. — 1896, octobre, 321-54.

Le génie de Napoléon, par L. de Lattes. — 1896, novembre, 101-20.

La crise d'Orient et l'alliance franco-russe, par R. de Kérallain. — 1897, août, 161-214.

Les origines d'un jubilé, par Eugène Forgues. — 1897, juillet, 5-32.

Grandeur et décadence du système de l'équilibre, par J. Reinach. — 1897, mars, 5-25.

La révolution et l'empire, par J. Reinach. — 1897, mai, 5-42.

Formation de la politique française : les frontières naturelles, par J. Reinach. — 1897, juin, 161-90.

Une correspondance inédite de Mᵐᵉ de Bonchamps, par Leroux-Cesbron. — 1897, novembre, 73-84.

Napoléon et la Hongrie, par Raoul Chélard. — 1897, novembre, 5-23.

Montesquieu voyageur, par Pierre Guerraz. — 1898, février, 249-78.

La France et la Hongrie, par Raoul Chélard. — 1898, mars, 5-24.

Un parvenu à la cour de Henri VIII, par E. Rodocanachi. — 1898, avril, 151-72.

La France d'aujourd'hui, par Bodley. — 1898, octobre, 165-206.

Prophétie de Napoléon Iᵉʳ. — 1898, novembre, 44.

Un grand seigneur et un curé de village, par P. Laforest. — 1899, février, 209-37.

Une visite au comte Tolstoï, par C. Courrière. — 1899, février, 197-208.

La mort de Robespierre, par C. Courrière. — 1899, janvier, 5-53; février, 171-222; mars, 5-72; avril, 181-228.

La femme de sport et les clubs de femmes, par J. Teincey. — 1899, juillet, 79-90.

Un complot imaginaire, par E. Rodocanachi. — 1899, juillet, 5-32.

Le centenaire du Consulat. Lettre du prince Napoléon. — 1899, janvier, 117.

PARIS. — Voyageurs et géographes parisiens. — 1884, février, 563.

La société à Paris, par A. de V. — 1886, mai, 67-92.

Les Somalis au Jardin d'acclimatation. — 1890, septembre, 231.

Le palais de Fontainebleau, par Hephell. — 1893, juillet, 121-58.

Le Louvre historique, par Hippolyte Buffenoir. — 1895, août, 329-87.

PROVINCES. — Le siège de Lyon, souvenirs d'un officier républicain, en 1793, par G. d'Orcet. — 1880, mai, 79-116; juin, 347-84; juillet, 57-93; août, 395-434; septembre, 41-86.

Les Etats de Vitry-le-François, par le comte Edouard de Barthélemy. — 1881, février, 453-74.

Le Dauphiné, par A. de Viguerie. — 1882, janvier, 5-29.

Le congrès de Châtillon, le droit divin et la Restauration, par O. — 1883, décembre, 389-418.

En Alsace, par Xavier Marmier, de l'Académie française. — 1884, avril, 105-24.

Le chevalier de Fougens, par Honoré Bonhomme. — 1884, mai, 69-93.

La maison d'Armagnac et l'unité française au XVᵉ siècle, par le comte J. Boselli. — 1885, août, 393-424; septembre, 155-85.

Le comte Pacha de Bonneval d'après de nouveaux documents, par Honoré Bonhomme. — 1885, février, 403-28.

La mission du duc de Nivernais à Londres (1762-63), par A. Soulange-Bodin. — 1886, juin, 335-67.

La rade de Saint-Jean-de-Luz. — 1886, décembre, 463.

La cour de Sceaux et ses hôtes, ses familiers, par H. Bonhomme. — 1886, octobre, 351-73.

Les fêtes du centenaire de Provence. — 1887, juillet, 94.

Bordeaux, par un touriste anglais. — 1887, octobre, 367-73.

Vizille. — 1888, août, 341-48.

La république d'Arles, par le comte Remacle. — 1888, septembre, 53-82.

L'Ile de Man, par O. S. — 1888, octobre, 373-88.

Vieux types bretons, par G. d'Orcet. — 1889, mai, 109-46.

Le centenaire de la naissance d'Amédée Pichot à Arles. — 1895, novembre, I-XII.

Colonies. — L'Angleterre et le Canada, par G. D. — 1880, août, 363-94.

La Martinique sous le gouvernement de M. le comte de Gueydon, par Rufz de Lavison. — 1881, août, 367-90.

La Martinique sous le gouvernement de M. le comte de Moges, par Rufz de Lavison. — 1881, octobre, 429-35.

La Martinique sous le gouvernement de M. le contre-amiral du Val d'Ailly (1840 à 1844), par Rufz de Lavison. — 1882, septembre, 163-42.

La Martinique sous le gouvernement de M. le contre-amiral Mathieu, Pierre-Louis-Aimé, par Rufz de Lavison. — 1882, novembre, 25-56.

La Martinique sous le gouvernement de M. le contre-amiral Bruat (1848 à 1850), par Rufz de Lavison. — 1883, juin, 147-80.

Le Sénégal, par le comte Edouard de Barthélemy. — 1882, décembre, 443-66.

Etablissements français des côtes de Guinée, par le comte E. de Barthélemy. — 1883, juillet, 161-72.

Les colonies françaises. — 1884, février, 315-52.

Choiseul, Kabb et Lafayette, par le vicomte de Colleville. — 1884, juillet, 87-113.

Les colonies françaises au Tonkin. — 1885, septembre, 145.

La France et la mer Rouge, par Denis de Rivoyre. — 1885, novembre, 168-76.

Une exécution de criminels à Haï-Phong. — 1885, octobre, 123-63.

Harrar et Obock, par Denis de Rivoyre. — 1886, mai, 155-65.

Le partage politique de l'Afrique. — 1886, octobre, 389-404.

Dans la mer Rouge, par Denis de Rivoyre. — 1887, février, 167-73.

Les méthodes de la colonisation de la France et de l'Angleterre. — 1887, juillet, 200.

Le partage politique de l'Océanie, par J. Joubert. — 1887, novembre, 67-106.

L'avenir du Siam, par Henri Norman. — 1893, juillet, 167-84.

La Tasmanie et ses mines d'argent, par O. S. — 1893, octobre, 355-62.

Croquis martiniquais, par E. F. — 1895, février, 281-313.

Les braves notables d'An Enop, par Alfred Schreiner. — 1895, septembre, 155-66.

Les compagnies à chartes et les troupes coloniales, par G. D. — 1895, novembre, 50-74.

Délimitation des frontières entre l'Alaska et la Colombie anglaise. — 1895, janvier, 148.

Les fêtes du treizième centenaire du sacre de saint Augustin à Arles. — 1897, octobre, 308-11.

Les aventures d'un journaliste pendant la guerre franco-malgache, par Eug. Forgues. — 1897, avril, 161-95.

La question de Delagoa, par J. Joubert. — 1897, mai, 43-63.

L'Algérie, par O. S. — 1897, septembre, 5-34.

Un bandit sarde au XIX⁰ siècle : Giovanni Tolu, par Albert Savine. — 1899, mars, 65-101.

Philippe II et les Açores, par O. S. — 1901, septembre, 123-38.
L'Ancienne Acadie : les Acadiens de la Louisiane, par J. Joubert. — 1901, juin, 195.

4. Angleterre.

1880.

Histoire. — L'Afghanistan et l'Angleterre. — Janvier, 214.
Difficultés de l'Angleterre dans l'Inde et en Afrique. — Janvier, 233.
Dissolution du parlement. Le buste du prince impérial à Westminster. Les femmes membres de l'Académie de peinture. — Mars, 233.
Les élections anglaises. Conférences de Ruskin, Huxley et M. Renan. Les nouveaux timbres-poste. Mort de l'entraîneur Tom Dawson. — Avril, 481.
Histoire de six ans. — Avril, 488.
L'Angleterre sous lord Beaconsfield. — Avril, 488.
Le nouveau cabinet et le déficit dans le budget indien. Rétractation de M. Gladstone. Adresse au prince de Galles. Meeting de femmes. Les nouvelles gardes-malades de Mrs. Lensdale. L'armée du salut. — Mai, 233.
Le nouvel ambassadeur de France. — Les libertés parlementaires en péril. Galerie des illustrations du turf. Poleh. Le roi des bull-dogs. — Juin, 506.
Faiblesse du ministère Gladstone. Préparatifs de guerre entre la Russie et la Chine. Le colonel Gordon. Terrible explosion de gaz. Fêtes aristocratiques et populaires. Robert Raikes et saint Charles Borromée. — Juillet, 262.
Difficultés intérieures et extérieures. Disparition du trésor de Mysore. Achat de la Palestine. Le crâne de Cromwell. — Août, 558.
La victoire du général Roberts. Menaces de l'Irlande. Une statue à Cromwell. Carte de la Sicile. Aérostation militaire. — Septembre, 238.
Rôle ridicule de l'Angleterre causé par Gladstone. Troubles d'Irlande. Faiblesse et incertitudes du ministère. — Octobre, 537.
Voyage de perfectionnement d'un bourreau. La Babel anglicane. Schismes et réformes. Expositions de gravures, de peinture. — Novembre, 275.

1881.

Les crises nerveuses de l'Irlande. Le véritable mobile de Parnell. Troubles d'Irlande. Mort de George Eliot. Le dernier des Stuarts. Situation des propriétaires en Angleterre. — Janvier, 296.
Les agitateurs irlandais. Les trois F. Le Transvaal. Grellet, le quaker français. Mort de Carlyle. Les libre-échangistes. — Février, 385.
Influence du cabinet Gladstone. Le passage du Canada. Un club de femmes. Millais et son exposition de peinture. — Mars, 266.
Mort de lord Beaconsfield. Poursuites contre la presse socialiste. Most et la « Freiheit ». Une levée de tartans écossais. — Avril, 544.

Lord Beaconsfield, ses débuts, sa carrière. Affaires d'Irlande. Le bill et la « land league ». Expériences sur la sensibilité nerveuse. — Mai, 316.

L'agitation en Irlande. Le centenaire de Stephenson. Un défilé de soixante machines. Le vainqueur du Derby. — Juin, 600.

Toujours l'Irlande. Délégués du Transvaal. Les volontaires à Windsor. Mort d'un prophète : le Dr Cumming. — Juillet, 291.

Le land bill. Un pugilat au parlement. Le congrès médical. Mort du doyen de Westminster. Stanley. Lady Elgin.— Août, 556.

La population du Royaume-Uni. — Septembre, 237.

Apaisement des troubles en Irlande. Fair Trade et Free Trade. Association britannique à York. — Septembre, 281.

Arrestation de Parnell. Démolition de l'ancienne prison de Newgate. Criminels ensevelis sous les dalles. La statuomanie. — Octobre, 581.

Soulèvement de la Nouvelle-Zélande. Un retour au cannibalisme. La Société Browering. — Novembre, 255.

Le drapeau américain à Londres. Vieux usages. L'agitation agraire en Angleterre. Un phare pour l'Australie. — Décembre, 505.

1882.

Les richesses de la pauvre Irlande. Dépôts des tenanciers dans les banques. Restauration du roi des Zulus. — Janvier, 266.

Réouverture du parlement. L'opposition. Chute probable de M. Gladstone. Les clubs politiques. Jubilé d'un éditeur de revue. — Février, 541.

Attentat contre la reine. Le nouveau port de Milford-Haven. Lord Wilton, le doyen du turf. — Prédications des mormons à Londres. — Mars, 253.

Petites satisfactions parlementaires. L'éléphant Jumbo en Amérique. Les rosseurs de guet modernes. Vengeance de lady Bulwer. — Avril, 547.

M. Gladstone et la politique irlandaise. Le meurtre de Phœnix Park. Parnell et les ultra-radicaux. Lord Cavendish et M. Burke. Le droit au travail. — Mai, 299.

La bataille de Boulogne ou comment Calais est redevenu anglais, par G. d'Orcet. — Juin, 469-507.

Exposition de bouledogues. La vente Hamilton ; les collections de Hamilton Palace. Scott. Russel et les constructions navales. Le Great Eastern. — Juin, 588.

L'intervention en Égypte. Le vagabondage à Londres : les roughs et les tramps. La mère de Parnell et sa sœur. Les femmes d'action. — Juillet, 259.

Les sauvages en ambassade à Londres. Première condamnation en Irlande. L'exposition de Dublin. Découvertes à Wolswick. — Août, 518.

Le triomphe de sir Garnett Wolseley. La grève de la police irlandaise. Un jury accusé d'ivresse. Retour de Cettiwayo dans le royaume des Zulus. — Septembre, 242.

Difficultés en Egypte. Pacification de l'Irlande. L'intendance de l'armée anglaise. Nombre croissant des malfaiteurs et des récidivistes. — Octobre, 640.

Le lord-maire et sa procession. Les échecs de M. Gladstone. L'Egypte. Les manuscrits Hamilton. La Société psychique. — Novembre, 201.

Inauguration des nouvelles cours de justice. Les ambassadeurs malgaches. Tendances envahissantes de l'Angleterre en Egypte. — Décembre, 533.

1883.

Mort de Gambetta. Louise Michel à Londres. Inauguration du monument du prince impérial. Maladie de M. Gladstone. — Janvier, 239.

Champ libre aux Irlandais. Exposition des trophées de la guerre d'Egypte. Le prince Napoléon à Londres. Les quakers. Emigration de femmes. — Février, 474.

Retour de M. Gladstone. L'opposition irlandaise. Double nationalité. Naturalisation américaine. Bill contre le tir aux pigeons. Protection des animaux. — Mars, 233.

Le parti irlandais et la dynamite. Bill sur les matières explosibles. Procès des meurtriers de lord Cavendish et de M. Baker. Bombardement d'Alexandrie. — Avril, 533.

Conservateurs et libéraux. Avenir du ministère Gladstone. Anomalie de la législation sur le repos du dimanche et sur les monuments publics. L'armée des buveurs d'eau. — Mai, 278.

Attaques contre le ministère. Exécution de Suliman Sami et la question égyptienne. Le dragon des Hespérides dans la Cité. Protection et libre échange. — Juin, 556.

Embarras du gouvernement. Rejet du bill sur le mariage des veufs. Le nouveau manifeste de Smithfield. Le tunnel de la Manche. Second canal de Suez. — Juillet, 239.

L'entente cordiale rétablie avec la France. Déclarations de M. Gladstone. La Mort de Carry et les dénonciateurs irlandais. Lady Florence Dixie et Cettiwayo. — Août, 605.

Le commerce anglais et la question chinoise. Déplacements ministériels. Mort de Marwod. Les prétendants à sa succession. L'enfant bourreau. — Septembre, 229.

Sir Strafford Northcote en Irlande. Incident de Corke. Election du nouveau lord-maire. Vol de la banque de la Plata. Fuite de deux syndics. — Octobre, 508.

Explosions de chemins de fer souterrains. Les logements ouvriers à Londres. L'Amérique et la crise commerciale. Vie d'Anthony Trollope. Novembre, 202.

La question égyptienne et les événements du Soudan. Intrigues d'Ismaël-Pacha. La victoire de M. de Lesseps. Lord Salisbury et M. Chamberlain. — Décembre, 483.

1884.

L'Angleterre et l'Egypte. Affaires du Soudan. Rapport du général Sartorius. Progrès de la démocratie. Théories de M. Labouchère. — Janvier, 233.

Le discours du trône. Situation de l'Irlande. Les voleurs à Londres. — Février, 616.

La guerre au Soudan. Les dynamiteurs irlandais. Ecrivain couronné. Mémoires de la reine Victoria. Lettres de la princesse Alice. — Mars, 239.

Mort du duc d'Albany. Imbroglio du Soudan. Un député radical. M. Labouchère. Mort du piper irlandais Bohan. — Avril, 525.

Souscription pour délivrer Gordon. Mme Blavatzky apôtre du Bouddha. Le tombeau de Shakspeare. Ouverture de l'Académie royale de peinture. — Mai, 238.

Gordon. La conférence et la dynamite. L'émigration. Le Derby. Mort de sir Bartle Frère. La statue du duc de Wellington. — Juin, 515.

Le traité anglo-portugais, par O. S. — Juillet, 152-79.

Les écoliers. Bicycles et tricycles. M. Graham et l'Himalaya. Meissonier jugé par les Anglais. Deux ventes. — Juillet, 220.

Conference. Gordon-Pacha. La vitesse des steamers. — Août, 195.

La Cité de Londres, par G. D. — Septembre, 95-150.

Mort de lord Ampthill. Le prince de Galles à Newcastle. Le Mullhi de Mid Lothian. Grande perte pour les bibliophiles. — Septembre, 302.

La chambre des lords et la chambre des communes. M. Gladstone et lord Salisbury. Les mormons en Irlande. Les lepreux de San Francisco. — Octobre, 361.

La flotte anglaise. La « Esmeralda » et sir William Armstrong. Les torpilles. Les dix tribus d'Israël. Le fauconnier écossais Peter Ballantine. — Novembre, 238.

Un directeur des postes aveugle. Association pour la rédemption des voleurs. Expédition agricole. Les types à la mode. Concours de fourrage conservé en silos. Etablissement charitable. — Décembre, 565.

1885.

Mort de l'évêque de Londres. Agriculture coopérative. Un dresseur de chevaux australien. La journée de vingt-quatre heures. — Janvier, 307.

Prise de Khartoum. John Walter, fondateur du Times. Les beaux-arts en Angleterre d'après le baron de Rothschild. Shakespeare et Montaigne. — Février, 543.

Au Soudan. Une université d'ouvriers. Miss Octavia Hill, propriétaire philanthrope. Lutte entre les armes anciennes et modernes. — Mars, 277.

Aux Indes. Baisse de la Bourse. Le prince de Galles en Irlande. O'Donovan Rossa. Le général Wolseley et le « bois d'ébène ».— Avril, 510.

Humiliations de l'Angleterre. Démission de lord Dufferin. Popularité du prince de Galles. Les incendies et les dynamiteurs. — Mai, 265.

Chute du ministère Gladstone. M. Lessar et la frontière de Penjdeh. Retour de Stanley ; la question du Congo. — Juin, 526.

Débuts du ministère tory. Le généralissime d'Irlande. Scandale commercial de la « Pall Mall Gazette ». — Juillet, 224.

Fin de session. Calomnie contre les candidats. Victoire d'un yacht français appartenant au prince de Galles. — Août, 503.

Police des marchands du Strand. Association britannique à Aberdeen. Mémoires de M. Ruskin. Vente de la terre d'Ankerwyke. — Septembre, 201.

Contre-coup des élections françaises en Angleterre. Un poète socialiste : William Morris. Mort d'un philanthrope : lord Shaftesbury. — Octobre, 474.

Banquet du lord-maire. Une femme à la Chambre des communes. La rage à Londres. Mort du duc de Richmond. Mémoires de Gréville.— Novembre, 251.

Élections et politique des partis. Avènement des nouvelles couches. Arch le paysan. Visées commerciales de l'Angleterre sur le Johore. — Décembre, 510.

1886.

Les Irlandais et le parlement. Les Irlandais et les gens paisibles. Les Irlandais et le Canada. Armes et munitions de l'armée anglaise. — Janvier, 203.

Les émeutes de Londres. Alimentation des troupes. Le tunnel de la Mersey. Chefs-d'œuvre littéraires pour un collège d'ouvriers. — Février, 458.

La question irlandaise. Les ouvriers sans travail. Le palais de délices. Le mouvement parnelliste. Mort du médecin spirite Charles Foster. — Mars, 257.

La reconstitution irlandaise de M. Gladstone. Réforme des costumes des femmes. La peine de mort de Romilly. — Avril, 525.

La question irlandaise et le parlement. Ouverture solennelle de l'exposition coloniale anglaise. Exposition maritime de Liverpool. Le plus grand dock du monde à Tilbury. L'Angleterre en Egypte. — Mai, 206.

La dissolution. M. Parnell et les tories. Primerose league. Congrès des sociétés religieuses. Exposition chevaline. Vente de bijoux. — Juin, 498-507.

Cromwell d'après lui-même, par G. d'Orcet. — Juillet, 5-36.

Les élections. Chute de M. Gladstone. Collège supérieur des femmes. — Juillet, 252.

Ouverture de la session. Les colonies à Londres. Station thermale de la

Nouvelle-Zélande. John Charton Collins de Brolingbroke et Voltaire. — Août, 477.

Politique irlandaise de Beaconsfield. — Septembre, 543.

Une brochure de Gladstone. Samuel Morley le philanthrope. Congrès celtique. Vente de grandes propriétés. — Septembre, 238.

Etudiants indiens à Londres. L'éducation gratuite. Un insecte nuisible. Invasion de bohémiens. Les trésors de la Birmanie. — Octobre, 480.

Tribulations d'un lord-maire en 1830. Parallèle entre la population de Londres et celle de Paris. Recherches archéologiques d'Erasme Wilson. — Novembre, 222.

Augmentation de la population de Londres. Mort du père Patrice Lavelle. Le clergé catholique en Irlande. Biographie de Shelley. — Décembre, 311.

1887.

Changement de ministère. Le socialisme. La misère et la charité. Une nouvelle revue : Murray's Magazine. Byron et son éditeur. — Janvier, 250.

56e discours de la reine. Marche aux flambeaux socialiste. Le Jubilé. Les centenaires. L'ingénieur Witaworth. Mme Henry Wood. — Février, 534.

Au parlement. Le jubilé. L'exposition américaine. Le peau-rouge Buffalo-Bill. Dupleix et lord Clive. Origine de l'Europe moderne. — Mars, 232.

Meeting monstre de Hyde-Park. Revendications féminines. Grandes institutions philanthropiques. Ligue des Primevères. — Avril, 513.

Le Times et M. Parnell. La femme d'un grand romancier : lady Lytton. Exposition juive. Avenir de la Palestine. George Canning. — Mai, 286.

Le puritanisme et le costume des vanenses de charbon. Le huis-clos des débats judiciaires. Mort du financier Ranger. — Juin, 569.

Derniers échos du jubilé. Les sectes religieuses à Mildway-Park. Les Chypriotes. Nos grands industriels : Horrocks, sir William Armstrong. — Juillet, 232.

Banquets politiques. Armement et défense des côtes. Révélations du général Butler sur le Soudan. Incendies à Londres. — Août, 475.

L'émeute de Michelstown. M. Pasteur et les médecins anglais. La musique des druides. Travaux de l'Association britannique. — Septembre, 205.

M. Chamberlain à Belfast. Du travail et du pain. Le cadeau du Nizam. Une race blanche en Afrique. Coquelin et Beerbohm Tree. — Octobre, 483.

A Trafalgar-Square. Procession du lord-maire. Retraite de lord Lyons. Zoophyte d'Edimbourg. — Novembre, 226.

Fin des émeutes. Un guérisseur de la rage. Biographie de Darwin. Vérité sur l'expédition de Khartoum. — Décembre, 493.

1888.

Aux Indes. Le boxeur Sullivan. Triomphe de Shakspeare sur Bacon.
Les antécédents de la princesse de Talleyrand. — Janvier, 175.
Les colonies industrielles. Toynbee-Hall. Manifestation catholique.
Charles Edouard. Lord Byron. L'œuf du grand pingouin. —Février,
483.
· Les Anglais à Paris pendant la Révolution, par A. V. — Mars, 69-89.
Darwin réfuté par le duc d'Argyle. Le mystère de la création d'après
M. Clodd. L'œuvre de sir Henry Maine. Le directeur du Field. Le fer
dans les constructions navales. — Mars, 226.
Le canal de Manchester et la machine le Jubilee-Navvy. Le National
Penny Bank. Le dimanche et le clergé. Oxford et Cambridge. —
Avril, 461.
Défense des côtes britanniques. Mathew Arnold. Le président du club
des fermiers. Le centenaire de la première fabrique de papier.—Mai,
227.
Meeting des sociétés de tempérance. La politique chez les fourmis. Les
Chinois en Australie. Le mysticisme hindou. — Juin, 448.
Police de Londres. Discours de cinq minutes. Défense des côtes.— Juil-
let, 152.
Manœuvres de la flotte. Prise de Liverpool. Grèves de Londres. Les
marchandes d'allumettes. Bibelots. Une notabilité du sport. — Août,
380.
Le socialisme. Semaine des policemen. Nouvelle religion. — Septembre, 205.
Bismark et la reine d'Angleterre. Le livre du docteur Mackenzie. Un
assassin introuvable. Les chiens détectives. — Octobre, 416.
La guerre ou la paix. Les trois mille convives du lord-maire. Un article
du baron de Rothschild. Congrès des unions ouvrières. — Novembre,
211.
L'Inde et le parlement. Un testament étrange. L'agriculture. Chasse au
taureau sauvage à Chillingham. Prépondérance féminine. A l'Exposition universelle de Paris. — Décembre, 460.

1889.

L'incident Morier. Les souvenirs des Stuarts. Les deux chapeaux de
Wellington. L'ivrognerie combattue par l'éloquence. — Janvier, 193.
Le drapeau rouge à Londres. La compagnie de l'Euphrate et du Tigre.
La terre entière aux Chinois. Les enfants au théâtre. — Février, 141.
Le Times et Parnell. L'incident Pigott. L'industrie du fer. — Mars, 197.
John Bright. Henri George et les chevaliers du travail. Programme so-
cialiste. Kropotkine orateur. Ambassadeur nègre. — Avril, 471.
Le congrès des missionnaires et l'expansion coloniale de l'Angleterre.
La médecine et la prière. Un apôtre chez les lépreux. — Mai, 211.

Histoire rétrospective du fer. Vente des manuscrits précieux de Bernard Quaritch. Pensions littéraires et artistiques. — Juin, 483.

Le schah de Perse en Angleterre. Les femmes socialistes. Mariage du comte de Fife et de Mme Jordan. Fournitures pour l'armée — Juillet, 192.

Revue maritime en l'honneur de l'empereur Guillaume. Nouvelle Mme Lafarge. Jack l'écorcheur. Colonie de tempérance. — Août, 429.

Fin de la grève des docks. Exhumation des restes de Paoli. La crémation. Champions coloniaux. Vente de livres rares. — Septembre, 236.

Les grèves. Un lord-maire israélite. Les travailleurs de Londres. Le général Monk. Mémoires d'un prodigue. — Octobre, 164.

Cromwell sifflé. Les Anglais en Egypte. Les grévistes des docks de Londres et de Rotterdam. Ravages de serpents aux Indes. — Novembre, 170.

Retour de Stanley. Mariages d'enfants aux Indes. Le socialisme en Angleterre. Une congrégation hypnotisée. — Décembre, 405.

1890.

Le roi d'Irlande Parnell. La question portugaise. Mort de Browning. Les produits chimiques et la Société de tempérance. — Janvier, 202.

L'avenir de l'Angleterre d'après sir Charles Dilke. Le congrès socialiste. M. Gladstone à Oxford. Le bas de la reine Elisabeth. — Février, 119.

Un quartier de Londres, par O. S. — Mars, 55-81.

L'incident Labouchère. Le pont de Forth. Miss Gollen, conseillère municipale. Les vieux chevaux. — Mars, 185.

Les ouvriers anglais et la conférence de Berlin. Encore la campagne d'Egypte. Les femmes-guides dans les expositions. Exposition ouvrière. — Avril, 408.

Manifestation du 1er mai. Stanley. Exposition de soieries. Le salon de l'Académie royale. Une foire dans l'Inde. Les barbiers indiens, etc. — Mai, 189.

Les grandes résidences en Angleterre. Haddon Hall, par A. V. — Juin, 314-30.

Stanley. Le tunnel de Douvres et le pont sur la Manche. Mémoires de Talleyrand. — Juin, 422.

Grève des agents de police. Impôt sur les étrangers. Jubilé des steamers Cunard. Institutions musicales. Mariage de Stanley. — Juillet, 181.

Toujours les grèves. L'aile de la réforme sociale. Le salut d'un avoué. Femmes savantes. Manifestation de l'armée du salut. — Août, 394.

Grèves et congrès ouvriers. Menaces de famine. Michaël Davitt, le patriote irlandais. Mort du cardinal Newman. — Septembre, 197.

Carmen Sylva. Les petites veuves hindoues. Priestley et l'oxygène. Les végétariens et Louise Michel. — Octobre, 437.

Un livre du général Booth. Stanley, Barthellot et Jameson. Une scène de cannibalisme en Afrique. Une salle de lecture populaire. — Novembre, 201.

Le nouveau chef du parti irlandais. M. Joubert, le chef des Boers, à
l'Hôtel de Ville. Le général Booth révérend. Aventures extraordi-
naires. — Décembre, 433.

1891.

Les moyens de communications en Irlande. La misère à Londres. Œu-
vres de bienfaisance. Nouvelle religion. Stanley. Lord Melbourne. —
Janvier, 199.
Une royale désespérée. Arabelle Stuart, par Yetta Blaze de Bury. —
Juillet, 99-130.

1892.

Les coureurs d'ambassade en Angleterre, par A. V. — Juin, 213-29.
La politique militaire de Pitt, par G. d'Orcet. — Août, 315-40.
La vie de cour en Angleterre au dix-huitième siècle, par A. V. — Sep-
tembre, 53-72.

1894.

Voyage d'un sportsman anglais en France sous le consulat. Le colonel
Thomas Thornton. — Janvier, 5-29; février, 249-306; mars, 133-84;
avril, 277-318; mai, 5-60; juin, 349-86.
La population en Angleterre. — Mars, 232.

1895.

Les associations commerciales. Le roman de Beethoven au Royalty-
Theatre. Yvette Guilbert à Londres. Affiches artistiques. — Février,
390.
Journal d'un voyage en Angleterre. — Mars, 5-54.
Les villes anglaises au quinzième siècle, par G. d'Orcet. — Avril, 233-59.
Echecs des Anglais en Égypte. Mort de sir John Seeley. Le professeur
Owen. Une exposition vénitienne à Londres. — Avril, 416.
Un bourgeois anglais en France en 1775, par G. d'Orcet. — Mai, 5-54.
Un voyageur français en Angleterre en 1764, Elie de Beaumont. —
Septembre, 135-54; octobre, 349-66; novembre, 77-114.

1896.

Le derby anglais. Mary Anderson. Lord Dufferin. Burne-Jones. Les An-
glais au Soudan. Transfusion du sang nègre dans la race blanche. —
Juin, 425.
Lord Kelvain. Mort de lord Fitz Hardinge. Les salons. — Juillet, 156.
Nouveau projet d'impôt foncier. Transformation d'Édimbourg. — Août,
383.
Les manœuvres navales. Le sucre et la concurrence étrangère. — Sep-
tembre, 190.

L'Angleterre et les tzars. La poste et les agences. L'Égypte sous la
domination anglaise. La consommation de l'opium. — Octobre, 418.
Le président des États-Unis et la presse anglaise. L'Allemagne repous-
sée. — Novembre, 212.

1897.

La femme sous la loi anglaise. — Janvier, 127-50.
La patrie anglaise. Confession et défense de M. Cecil Rhodes. Georges
Moore et son nouveau roman. — Janvier, 196.
L'apostolat de saint Augustin en Angleterre, par G. d'Orcet. — Septem-
bre, 97-118.
O'Connel, par le comte J. Boselli. — Septembre, 77-86.
Les Anglais dans l'Inde. — Octobre, 161-88.
Une voyageuse anglaise dans l'Ouest-Africain : miss Mary Kingsley,
par E. Forgues. — Novembre, 42-72.
La Corse possession anglaise, par Octave Sachot. — Juillet, 33-58.

1898.

Aventures de deux officiers anglais, par E. Rodocanachi. — Mars, 87-94.
Un parvenu à la cour de Henri VIII, par E. Rodocanachi. — Avril,
151-72.
Histoire d'un « Sept » irlandais, par E. Forgues. — Septembre, 45-64;
octobre, 239-58.
Un grand soulèvement social en Angleterre, par E. Rodocanachi. —
Octobre, 207-37.
La marine anglaise au siècle dernier, par G. d'Orcet. — Novembre,
25-43.
Les clubs et les sociétés de dineurs de Londres. — Novembre, 105-27.

1899.

L'Angleterre pendant la Révolution française, par Léon Souguenet. —
Janvier, 5-46 ; février, 161-95.
La correspondance des deux duchesses de Devonshire, par E. Rodoca-
nachi. — Mars, 23-37.
Huit jours en Angleterre au commencement du douzième siècle. — Mai,
93-103.
Les Anglais au Transvaal. — Décembre, 307.

1900.

La Société anglaise du dix-huitième siècle, par E. Rodocanachi. — Février, 149-70.
Deux guerres anglaises (1845-1899), par E. Forgues. — Mai, 5-30.

8

1901.

Rentrée des combattants du Transvaal. — Janvier, 145.
Les funérailles de la reine d'Angleterre. — Février, 293.
Discours de M. Paul Cambon. — Mai, 119.
Victoria reine et impératrice. — Juillet, 5-47.

MŒURS. — Les propriétaires, les tenanciers et les journaliers en Angleterre, par Hephell. — 1881, janvier, 73-100.

BIOGRAPHIE. — Le doyen Stanley, par Eugène Forgues. — 1882, février,
381-412.
Un collectionneur anglais, par A. V. — 1882, août, 431-445.
M. Gladstone au collège, par un ancien élève d'Eton, par A. V. — 1883,
avril, 417-40.
Les quartiers dangereux de Londres et leurs habitants, par Geo. S. —
1883, juin, 351-73.
Cromwell d'après lui-même, par G. d'Orcet. — 1886, juillet, 5-36.
Stanley Jevons, par E. Forgues. — 1886, octobre, 261-88.
Robert-Louis Stephenson, par L. J. — 1895, août, 293-312.
O'Connel, par le comte J. Boselli. — 1897, septembre, 77-86.
Un réformateur agronome, Arthur Young, par J. Teincey.— 1899, jan-
vier, 99-145.
Elisabeth Browning, par Yetta Blaze de Bury. — 1899, octobre, 185-203.

IRLANDE. — L'Irlande d'aujourd'hui, par O. S. — 1895, janvier, 85-118.

PROVINCES. — De l'île de Wight à la Nouvelle-Guinée. — 1888, février,
323-54.
LONDRES. — La Cité de Londres, par G. D. — 1884, septembre, 95-130.
Les cénotaphes de la Cité de Londres, par H.-W. Brever. — 1887, juillet, 95-112.

5. Allemagne, Autriche-Hongrie.

L'Empire allemand d'après les documents officiels.— 1883, janvier, 41-56.
L'Autriche : l'empereur et le prince impérial, par le comte d'Osmond.
— 1888. janvier, 119-130.
Les Allemands à Londres, par L. Katscher. — 1887, juin, 353-73.
L'Allemagne et l'Italie au moyen âge, par E. de Bonnal. — 1889, février,
347-360.
La cour de Vienne au dix-huitième siècle. — 1890, février, 261-77.
Au pays des Ruthènes, par Leo Laony. — 1890, février, 307; mars, 99.
Les eaux minérales en Bohême. — 1891, juin, 331-46.

L'empereur d'Allemagne. Esquisse de trois ans de règne, par Poultney
Bigelow. — 1891, octobre, 283-93.
Un Prussien à Paris sous le consulat, par E. de Bonnal. — 1896, mars,
149-54.
Budapest et la Hongrie. Inauguration des Portes de Fer à Orsova. —
— 1896, octobre, 384.
Souvenirs de jeunesse d'un Croate, par Emeric de Tkalac. — 1897, jan-
vier, février, avril, mai, juillet, septembre. octobre, novembre.
Marie d'Anjou, roi de Hongrie, par E. Horn. — 1897, mars, 55-84.
La fin de la crise austro-hongroise, par Raoul Chélard. — 1899, juin,
247-65.
La vente des Carolines à l'Allemagne, par Joseph Joubert. — 1899, août,
101-78.
La nouvelle situation de la Hongrie dans la monarchie austro-hongroise,
par Raoul Chélard. — 1900, janvier, 107-16.
L'alliance allemande, par Stradella. — 1900, février, 249-65.
La correspondance intime de Bismark, par Arthur Kann. — 1901, mars,
115-126.
Les élections législatives et la nouvelle Chambre en Hongrie, par Raoul
Chélard. — 1901, novembre, 89-102.

CORRESPONDANCES : *Passim* (voir tables des volumes).

6. Belgique, Hollande, Suède, Norvège, Danemark.

Un été en Norvège. — 1882, décembre, 373-403.
Une expédition danoise au Groënland. — 1883, août, 556.
Expédition de Nordenskiold au Groënland. — 1883, décembre, 124.
Les montagnes du Danemark. — 1886, juin, 155.
Un naturaliste norvégien chez les cannibales. — 1891, mars, 127-30.
En Hollande pendant la guerre du Transvaal, par Natchaï. — 1900, oc-
tobre, 281-92.

CORRESPONDANCES : *Passim* (voir tables des volumes).

7. Espagne, Portugal.

Dona Maria la Brava, par Achille Fouquier. — 1884, mars, 140-68.
A torrijos ! par José G.-Y. Perez. — 1883, novembre, 105-12.
Journal d'une femme de loisirs en Espagne, par G. d'Orcet. — 1895,
janvier, 67-84.
Les Maures à Séville, par G. d'Orcet. — 1895, août, 264-91.
Les impôts et les finances en Espagne, par Bonnal de Ganges. — 1896,
novembre, 147-66.
Les navigateurs portugais. — 1898, juillet, 49-66.
Maures et Castillans. — 1899, juin, 217-46.

La question du Portugal. — 1892, avril, 379-90.
La légion portugaise de 1807 à 1813, par H. Faure. — 1892, juin, 277-310.
Pronunciamentos en Portugal. — 1892, juillet, 97-107.
Le centenaire du poète d'Almeida Garrett, par H. Faure. — 1899, février, 317.
Un héros portugais, par H. Faure. — 1899, octobre, 233-52.
Les Portugais aux Indes, par Eug. Guénin. — 1901, novembre, 33-56.

CORRESPONDANCES : *Passim* (voir tables des volumes).

8. Italie.

La vie d'autrefois à Venise, par le comte E. de Barthélemy. — 1882, septembre, 113-139.
Robert de Bavière et le duc de Milan, par le comte Boselli. — 1883, mars, 119-130.
Les dogaresses de Venise, par Rouslane. — 1883, août, 363-96.
Mémoires du comte Pasolini. — 1885, septembre, 67-96.
Les archives de Venise, par G. d'Orcet. — 1886, août, 361-92.
La principauté de Monaco, par E. Ratouin. — 1887, septembre, 121-140.
Venise, ses origines, ses institutions, sa vie privée, par A. de Viguerie. — 1889, juillet, 83-111.
L'Italie au moyen âge. — 1890, septembre, 75-110.
Le pape Léon XIII, par Frédéric Masson. — 1891, avril, 209-64.
Les cardinaux et le conclave futur, par Frédéric Masson. — 1891, mai, 5-30.
La Rose d'or et son histoire. La franc-maçonnerie en Italie. — 1893, juin, 405.
Les corporations à Rome, par G. d'Orcet. — 1894, mars, 185-218.
Eléonore d'Este et le Tasse, par H. Buffenoir. — 1895, avril, 317-29.
Souvenirs d'un prélat romain sur Rome et la Cour pontificale au temps de Pie IX. — 1895, septembre, octobre, novembre.
Les montagnes du Tyrol, par Adrien Oudin. — 1896, juillet, 99-135.
Le comte de Villermont. — 1897, janvier, 45-80 ; juin, 235-66.
Saint François d'Assise, par Lucien de Roccagiovine. — 1897, janvier, 151-61.

CORRESPONDANCES : *Passim* (voir tables des volumes).

9. Grèce ancienne et moderne.

Michiëla Savelitsch, par Ch. Guesdon. — 1892, janvier, 21-34.
La question crétoise, par G. Terver. — 1901, juillet.

CORRESPONDANCES : *Passim* (voir tables des volumes).

10. Russie, Pologne.

La Sibérie et ses pénitenciers. — 1880, novembre, 117-80.
La station polaire de la Léna. — 1883, mai, 208.
En Finlande, par Xavier Marmier. — 1884, juillet, 65-86.
La Sibérie, par C. Courrière. — 1887, avril, 391-412.
Un voyageur russe dans l'Inde anglaise. — 1887, juin, 441-58.
Une ville de province, par C. Courrière. — 1885, septembre, 97-144.
Dix ans de règne de l'empereur Alexandre III (1881-1891), par Paul Roche.
  — 1891, juin, 217-28.
Un grand d'Espagne en Russie. — 1892, avril, 321-50.
Une visite à Tolstoï. — 1892, août, 225-39.
Voyage à la foire de Nijni-Novgorod en 1893, par C. Courrière. — 1894,
  août, 293-312.
L'empereur Alexandre III, par C. Courrière. — 1895, janvier, 5-14.
La mort de Paul Ier. — 1895, juillet, 59-79.
Une favorite à la cour de Russie. — 1895, août, 249-60.
Les écoles en Russie, par C. Courrière. — 1896, novembre, 129-137.
L'empereur Nicolas II. Deux ans de règne, par C. Courrière. — 1897,
  avril, 231-44.
L'opinion russe sur l'armée allemande. — 1897, avril, 290.
Les prisonniers russes en France en 1814, par G. d'Orcet. — 1898, mars,
  53-78.
Vladivostock, par C. Courrière. — 1898, mai, 85-102.
La Sibérie en été. Les chemins de fer russes en Chine, par Stephen
  Bonsal. — 1898, août, 195-218.
Les peuples de la Russie blanche. — 1898, décembre, 275.
La mission polonaise de recherches historiques en Italie. — 1898, dé-
  cembre, 275.
Les bagnes de la Sibérie, par Stephen Bonsal. — 1899, avril, 255-70.
Les Russes dans l'Asie centrale. — 1900, août, 179-216.
La Finlande et les tsars, par Georges Terver. — 1901, février, 241-68.
Un tsar chasseur. Histoire de la chasse grand-ducale et tsarienne, par le
  général Coutépoff. — 1901, novembre, 103-15.

CORRESPONDANCES : *Passim* (voir tables des volumes).

11. Empire ottoman.

Le mouvement bulgare et la question d'Orient, par C. Courrière. — 1885,
  novembre, 40-52.
Le pays du tabac en Macédoine. — 1889, février, 385-97.
Histoire d'une paysanne. Scènes de la vie du paysan serbe, par A. Giron.
  — 1891, janvier, février, mars, avril.
La question arménienne. — 1897, février, 313-36.
Le réveil de l'Islam et la femme arabe. — 1900, avril, 229,

Senoussi et guerre sainte. — 1900, mai, 31.
Sultan et schah. Orthodoxes et schiites. — 1900, décembre, 309-17.

CORRESPONDANCES : *Passim* (voir tables des volumes).

12. Asie, Inde, Chine, Japon.

Le Japon contemporain, par Jacques de Viefville. — 1901, mai, 83-117.
La vallée du Yang-tsé-Kiang, par O. Sachot.— 1901, septembre, 99-121.
Le budget de l'Indo-Chine. — 1901, décembre, 329.
La Chine mahométane. — 1880, juin, 279-312.
La Tserna-Gora, par C. Courrière. — 1880, mars, 49-64.
Hérat, le grenier et le jardin de l'Asie centrale, par de Missy. — 1880,
    juillet, 153-202; août, 463-503.
Journal d'un séjour à Canton. — 1880, septembre, 139-165; octobre,
    331-52.
Les Mongols, leur passé, leur présent. — 1880, décembre, 317-56.
Mogador, par J. Leclercq. — 1880, décembre, 397-418.
L'Abkhasie et Samourzakhan. — 1882, octobre, 553.
Les odeurs et les bruits de l'Inde. — 1882, août, 359-71.
La Corée. — 1883, mars, 5-42.
Le Tonkin, la Chine et l'Angleterre, par G. d'Orcet.—1883, juillet, 137-84.
Les Chinois en Annam. — 1883, août, 273-308.
L'expédition japonaise à Formose en 1875, par A. de Saint-Quentin,
    ministre plénipotentiaire. — 1884, avril, 265-90.
Le Thibet. — 1885, octobre, 229-63.
La Birmanie et la politique coloniale de l'Angleterre, par O. Sachot. —
    1886, février, 369-404.
Le soldat chinois de la dernière guerre, par G. d'Orcet. — 1886, février,
    241-69.
Un Eden dans le Pacifique. — 1886, mars, 213.
Le canal indo-européen et la navigation de l'Euphrate et du Tigre, par
    E. Eude. — 1886, mars, 87-142; avril, 441-87.
La ville de Téhéran, par G. d'Orcet. — 1886, avril, 309-39.
La rencontre de l'Inde et de la Chine. — 1886, juillet, 37-54.
L'Inde native, par R. de Kérallain. — 1886, novembre, 59-94.
Un coup d'Etat coréen. — 1887, janvier, 89-124.
Femmes célèbres de l'Inde. — 1887, février, 447-63.
Le Thibet, par P. de Tchihatcheff. — 1890, janvier, 35-59.
Les Chinois en Australie. — 1888, août, 283-302.
Les provinces sud-occidentales de la Chine, par Oct. Sachot. — 1889,
    janvier, 109-137.
La Perse contemporaine, par A. de Vignerie. — 1889, août, 297-332.
L'oasis de Merv, par P. de Tchihatcheff. — 1890, juin, 255-78.
La Chine occidentale, son présent, son avenir. —1890, novembre, 59-92.
Une mission au Caucase et en Arménie, par Petau de Maulettes.— 1891,
    mars, 59; avril, 349; mai, 121.

Cormorans et faucons au Japon, par l'amiral Layrle. — 1891, mai, 51-60.
Les invasions dans l'Inde. Nadir-Chah. Dupleix. Domination anglaise,
par P. de Gavardie. — 1891, août, 209-34.
Une exploration minière en Arménie, par l'étau de Maulettes. — 1891,
août, 341-57.
La caravane égyptienne du Jardin d'acclimatation. — 1891, août, 423.
Etat politique du Japon avant la restauration impériale, par l'amiral
Layrle. — 1891, septembre, 5-34.
Les affaires de Chine. — 1891, novembre, 5-44.
Un déjeuner au harem. — 1892, février, 329-341.
Les Bourbons de l'Inde, par G. d'Orcet. — 1892, juillet, 5-30.
Le chemin de fer chino-birman. — 1892, octobre, 265-90.
La Perse et les Persans. — 1892, novembre, 169-210.
La découverte de l'Inde racontée par un matelot portugais, par H. Faure.
— 1893, avril, 229-98.
L'Inde entre deux feux, par G. Curzon. — 1893, août, 283-97.
Les Aïnos velus du Japon. — 1894, avril, 405-34.
Relations du Japon avec les nations voisines, par Motoyosi-Saizau. —
1894, juillet, 5-38.
L'Indo-Chine. Voyage de Curzon. — 1894, août, 197-224.
La Corée, par Motoyosi-Saizau. — 1894, octobre, 397-410.
La Japonaise chez elle, par Motoyosi-Saizau. — 1895, avril, 261-84.
Mémoires d'un émir musulman du douzième siècle, par G. d'Orcet. —
1895, septembre, 67-102.
Le sommeil et le réveil de la Chine, par Norbert Lallié. — 1896, jan-
vier, 5-57.
La femme chinoise, par Norbert Lallié. — 1896, juin, 259-93.
La Chine et les intérêts anglais. — 1900, juillet, 75.
La Perse. — 1900, juillet, 113-24.
L'industrie du thé en Chine, par O. Sachot. — 1900, novembre, 121-37.
Les mines de rubis en Birmanie. — 1889, septembre, 139-54.
Chez les Chachans. — 1889, septembre, 197-208.

CORRESPONDANCES : *Passim* (voir tables des volumes).

3. Afrique.

Mogador, par J. Leclercq. — 1880, décembre, 397-418.
Sur les côtes du Maroc, par J. Leclercq. — 1881, avril, 319-352.
Le Sénégal, par le comte E. de Barthélemy. — 1882, décembre, 433-66.
Etablissements français des côtes de Guinée, par le comte E. de Barthé-
lemy. — 1883, juillet, 164-72.
Le Soudan Egyptien, par le major H. de Sarrepont. — 1884, janvier,
135-52.
Le mahdi, l'Egypte et l'Abyssinie. — 1884, février, 281-315.
Madagascar et sa topographie. — 1884, avril, 475.

Cartes de l'Afrique et des hauteurs de la Russie d'Europe. — 1884, juin, 476.

La première cataracte du Nil, par Joseph Joubert. — 1884, décembre, 495-520.

Alger, par G. d'Orcet. — 1886, octobre, 413-426.

La Tunisie. Mer intérieure et puits artésiens. — 1886, octobre, 430.

Géographie de l'Afrique centrale. Le cours de l'Ouellé. — 1887, juin, 509.

Les Achantis. — 1887, septembre, 141-60.

L'île de Djerba, ses produits et ses ressources. — 1887, septembre, 164.

Dans la mer Rouge, par Denis de Rivoyre. — 1888, février, 279-99.

Les colonisateurs de Madagascar, par Ch. Gailly. — 1888, septembre, 5-30.

Lakri, par Henri Bouche. — 1889, avril, 375-96.

Un secret de la rivière Orange. — 1890, octobre, 295-330.

Les Dahoméens au Jardin d'acclimatation. — 1891, mars, 88.

L'expédition d'Egypte, par un secrétaire de Kléber. — 1892, mars, 5-66; avril, 233-300; mai, 5-58.

Le Soudan égyptien et l'Afrique orientale, par O. Sachot. — 1893, mars, avril, mai. juin, juillet.

La femme dans la société arabe, par Alfred Baraudon. — 1893, mars, 67-89.

L'indépendance du Transvaal, par J. Joubert. — 1896, avril, 225-46.

Le massacre de Port-Arthur, par E. Rodocanachi. — 1898, juin, 239-56.

Les préliminaires de la guerre dans l'Afrique australe. — 1900, mars, 73-102.

Une mission russe en Abyssinie, par C. Courrière. — 1900, juin, 247-65.

La vérité sur les Boers, par Mermeix. — 1900, août, 157-78.

Les Normands sur la côte d'Afrique, par E. Guénin. — 1900, octobre, 223-40.

Le président Kruger en Europe et les Européens en Chine. — 1900, décembre, 307.

CORRESPONDANCES : *Passim* (voir tables des volumes).

14. Amérique.

La question indienne aux Etats-Unis. — 1880, septembre, 87-106.

L'élection présidentielle aux Etats-Unis, par Félix Limet. — 1880, octobre, 423-65.

Les dangers courus par le président Jackson, par F. Limet. — 1881, novembre, 515-30.

Une nouvelle voie ferrée en Amérique. — 1882, juin, 369-96.

Les Antilles, le pays des Caraïbes. — 1882, août, 283-324.

Le Canada considéré comme terre d'établissement. — 1882, septembre, 41-68.

La société américaine d'après le roman, par Old Nick junior. — 1883, mai, 35-66.

Le recensement de 1880 aux Etats-Unis. — 1883, juin, 501-14.

La guerre de la Sécession, souvenirs d'un ambulancier, par Eug. Forgues. — 1884, avril, 325-52.

A travers le Canada. De l'Océan à l'Océan, par X. Marmier. — 1884, octobre, 415-49.

Louis Riel et l'insurrection des métis canadiens. — 1885, novembre, 141-68.

Un écrivain anonyme; l'auteur du *Bien d'autrui*. — 1886, janvier, 198.

Les Indiens de l'Amérique du Sud, par E. Daireaux. — 1887, février, 386-422.

Le duel parlementaire en Amérique. — 1887, août, 413-27.

A travers les pampas de l'Amérique du Sud, par E. Daireaux. — 1887, octobre, 331.

Concurrence agricole américaine, par G. d'Orcet. — 1888, février, 415-39.

La Colombie anglaise et la proscription des lapins. — 1888, mars, 185.

Amérique et Japon. — 1888, juin, 433.

La colonie de Saint-Domingue à la veille de la Révolution, par H. Castonnet des Fosses. — 1889. novembre, 103-18.

Palanqué et la civilisation maya, par G. d'Orcet. — 1888, juillet, 77-80.

Une ville prodige. Chicago. — 1890, juin, 373.

Le grand abolitionniste américain, William Lloyd Garrison, par Théodore Stanton. — 1891, juillet, 131-38.

Les juifs à New-York, par G. d'Orcet. — 1892, février, 265-302.

L'administration de la justice aux Etats-Unis. — 1892, février, 359-84.

La conquête du Mexique (1521-1821), par G. Magnabal. — 1892, juin, 311-34.

La découverte de l'Amérique. — 1892, septembre, 5-38.

La fortune américaine. — 1892, septembre, 50.

La criminalité et la loi pénale aux Etats-Unis. — 1892, octobre, 291-325.

La lutte du Mexique pour l'indépendance (1811-1821), par G. Magnabal. — 1892. novembre, 5-30.

Histoire naturelle du nouveau monde. — 1893, janvier, 9-48.

Le Mexique indépendant (1821-1887), par G. Magnabal. — 1893, mai, 63-81.

Le Canada et ses progrès. — 1895, juillet. 81-114.

Les Anglais dans l'île de Cuba au dix-huitième siècle, par Albert Savine. — 1898, juin, 161-200.

Au pays de l'or. Le Klondyke. — 1898, novembre, 85-103.

L'insurrection de Cuba et son affranchissement, par Charles Laroche. — 1899, mai, 5-32.

Le premier président de la république cubaine : Carlos Manuel de Cespedes, par Albert Savine. — 1899, janvier, 47-82.

Les Américains aux Philippines. — 1900, mai, 79-94.

Une Américaine en Chine, par O. Sachot. — 1900, octobre, 165-92.

Le président Mac Kinley. — 1901, septembre, 139.

CORRESPONDANCES : *Passim* (voir tables des volumes).

15. Océanie (îles diverses).

Le volcan de Mauna-Loo. — 1881, février, 535.
La colonisation australienne. — 1881, septembre, 238.
Les Antilles. Le pays des Caraïbes. — 1882, août, 283-324.
L'archipel Malais. — 1884, juin, 393-413.
L'expédition arctique du lieutenant Greely. — 1884, septembre, 204.
Un bal aux îles Sandwich, par Giovanni del Drago. — 1886, janvier,
    99-120.
Population des îles Hawaï. — 1886, mars, 212.
Le partage politique de l'Océanie, par Joseph Joubert. — 1887, novem-
    bre, 67-106.
Les colonies australiennes. — 1888, janvier, 157.
L'Australie centrale et la pose du télégraphe transcontinental australien.
    — 1889, mai, 83-107.
Les îles Philippines, leurs ressources. — 1892, février, 399.
Un Robinson à l'île de Vancouver (1803-1805), par Albert Savine. — 1900,
    juin, 194-232.
Les îles Samoa. — 1889, juillet, 113-45.

CORRESPONDANCES : *Passim* (voir tables des volumes).

LIBRAIRIE

des Publications officielles et du Bulletin des lois

GEORGES ROUSTAN

5, 17, 17ᵇⁱˢ, quai Voltaire, Paris (7ᵉ)

EXTRAIT DU CATALOGUE

Annuaire du Parlement. Publication annuelle fondée en 1898 et renfermant sous un format commode tous les renseignements nécessaires à l'étude de l'organisation et du fonctionnement parlementaire en France et des études sur les parlements étrangers. Il contient en outre l'indication des travaux du Gouvernement, des Sénateurs et Députés pendant l'année. Une étude rétrospective des Projets et Propositions de Loi depuis 1876. Liste alphabétique des Sénateurs et Députés.

1ᵉʳ volume comprenant la période du 1ᵉʳ mai 1898 au 30 avril 1899. 1 volume gr. in-8°, publié en 1899. — Prix.................... 4 fr. »

2ᵉ volume (nouvelle série dirigée par MM. Samuel et Bonet-Maury). Travaux de l'année 1900. 1 volume petit in-8°. — Prix : broché, 6 francs : reliure souple.. 7 fr. 50

3ᵉ volume. Travaux de l'année 1901. 1 vol. petit in-8°. — Prix : broché, 6 francs ; reliure souple.. 7 fr. 50

Ce volume est accompagné d'une carte politique.

4ᵉ volume. Travaux de l'année 1902. 1 vol. petit in-8°. — Prix : broché, 6 francs ; reliure souple.. 7 fr. 50

Comme le précédent, ce volume est accompagné d'une carte politique et parlementaire (nouvelle Chambre 1902-1906).

Responsabilité des accidents *dont les ouvriers sont victimes dans leur travail.* LÉGISLATION COMPLÈTE. Lois, Décrets, Arrêtés, Circulaires, Tarifs, Barèmes, Tables de mortalité. — Avis du Comité consultatif des Accidents. 1 vol. in-8°. — Prix : broché............................. 3 fr. 50

Casier judiciaire et Réhabilitation de droit. LÉGISLATION. Lois des 5 août 1899 et 11 juillet 1900, suivi des Décrets et Circulaires concernant l'application de ces Lois. Modèle des Bulletins nᵒˢ 1, 2, 3. 1 brochure in-8°. 48 pages. — Prix.. 1 fr. 50

Marine marchande. LÉGISLATION COMPLÈTE. Loi du 7 avril 1902. Décret réglementaire du 9 septembre 1902. Arrêtés et Circulaires ministériels pour l'application de la nouvelle Loi. — *Annexes.* Textes antérieurs visés dans la nouvelle Loi. 1 volume in-8°. — Prix......................... 3 fr. »

Contrat d'association. Loi du 1ᵉʳ juillet 1901 modifiée par la Loi du 4 décembre 1902. Décrets réglementaires pour son application. Arrêtés et Circulaires ministériels. 1 brochure in-8°. — Prix....................... 1 fr. 25

SOCIÉTÉS CIVILES ET COMMERCIALES. Lois des 24 juillet 1867, 1ᵉʳ août 1893 et 9 juillet 1902. — **SOCIÉTÉS D'ASSURANCES.** Décret du 22 janvier 1868. Brochure in-8°. — Prix..................... 1 fr. »

LIBRAIRIE GEORGES ROUSTAN.

ACHILLE MAGNIER. **Le Paysan et la Crise rurale.** Notice sur la dépo-
pulation des Campagnes, ses causes, ses effets et ses remèdes. 1 volume in-12
(1902. — Prix.. 1 fr. 50

GUSTAVE VALLAT. **LA CRISE AGRICOLE.** Des moyens à employer pour
empêcher les travailleurs des champs de déserter les Campagnes pour les
villes. Brochure in-12 (1899). — Prix........................... 1 fr. »

CHARLES SIMON. **Considérations sur la baisse du prix du Blé en
France** *et les moyens d'y remédier.* 1 volume in-12 (1901). — Prix. 2 fr. »

On peut se procurer à la même librairie, par fascicules séparés (tirages à
part), les textes des principales Lois d'intérêt général, ainsi que les numéros
séparés du *Bulletin des Lois* contenant les textes pour lesquels il n'est pas fait
de tirage spécial.

Accidents du travail. Lois des 9 avril 1898 et 22 mars 1902, Décrets du
28 février 1899.. 0 fr. 50

Boissons (Régime des Boissons). Loi du 29 décembre 1900. Brochure
in-8°.. 0 fr. 40

Marine marchande. Loi du 7 avril 1902, Décrets du 9 septembre
1902.. 0 fr. 75

Sociétés civiles et commerciales. (Voir ci-dessus.)

Santé publique (*Protection de la*). Loi du 15 février 1902. Brochure
in-8°.. 0 fr. 50

Sociétés de secours mutuels. Loi du 1er avril 1898. Brochure in-8°. 0 fr. 50

Syndicats professionnels. Loi du 21 mars 1884. Circulaire ministérielle du
25 août 1884 et Lois complémentaires. 1 brochure in-8°........ 1 fr. »

Travail des enfants, des filles mineures et des femmes. Lois des
2 novembre 1892, 30 mars 1900 et Décret du 9 septembre 1848. Brochure
in-8°... 0 fr. 50

AFFICHES ET IMPRIMÉS RÉGLEMENTAIRES POUR LE TRAVAIL
DANS LES USINES ET MANUFACTURES

Travail des enfants, des filles mineures et des femmes
dans les Établissements industriels.

Lois des 2 novembre 1892, 30 mars 1900 et Décret-Loi du 9 septembre 1848
(1 feuille 56×76)... 0 fr. 30

Décret du 13 mai 1893 (1 feuille 31×40)......................... 0 fr. 20

Décret du 15 juillet 1893, modifié par celui du 26 juillet 1895 (1 feuille
34×44)... 0 fr. 20

Décret du 28 mars 1902... 0 fr. 25

Tableau des heures de travail (1 feuille 32×24)................. 0 fr. 10

Hygiène et sécurité du travail.

Loi du 12 juin 1893 (1 feuille 68×43).......................... 0 fr. 25

Décret du 10 mars 1894 (1 feuille 41×52)....................... 0 fr. 25

Accidents du travail.

Loi du 9 avril 1898, modifiée par la Loi du 22 mars 1902 (1 feuille).. 0 fr. 25

Décret du 28 février 1899 (1 feuille) .... 0 fr. 25

NOTA. — La Maison reçoit en dépôt et annonce dans ses Bulletins et Cata-
logues les ouvrages se rapportant à sa spécialité et dont on veut bien lui confier
la vente.